クオンタムマーケティング

「プライスレス」で
世界的ブランドを育てた
CMOが教える
(最高マーケティング責任者)
最新マーケティング論

マスターカードCMO
ラジャ・ラジャマナー 著
三宅康雄 訳

日経BP

本書のキーワード

「Quantum（クオンタム）」とは

1. 極端な、急な、変化——たとえば飛躍的進歩（quantum leap）、急激な変化（quantum change）。
2. 行き詰まった古典理論に対して提示される新理論——たとえば量子物理学（quantum physics）、量子力学（quantum mechanics）。
3. 既存の、既知の境界を超越する新たな方法や手段——たとえば量子計算（quantum computing）、クオンタム・マーケティング（quantum marketing）。

「クオンタム・マーケティング」とは

世界は、過去に例を見ないほどのスピードと規模で変化しており、古典的なマーケティング理論、戦略、施策は破綻（はたん）しつつある。「クオンタム・マーケティング」は、明日の素晴らしい新世界に向けた新たな枠組みだ。ここでは、古典的マーケティングのあらゆる側面に疑問が呈（てい）され、マーケターが目標を達成するための最先端の戦略が描かれる。

序文

マスターカード取締役会会長
アジェイ・バンガ

このごろのマーケティングについて考えるとき、一つの言葉が思い浮かぶ。それは「**信頼**(trust)」だ。

企業は日々、あらゆる方法で、サービスを提供する相手からの信頼を獲得しなければならない。信頼は、自社の商品や従業員を通じてはもちろん、顧客やビジネスパートナー、社会に対するサポート、そして一つひとつの顧客接点(タッチポイント)での行動を通じて、得られるものだ。

信頼関係を築き、強化すること。私は毎日、つねにそのことを考えている。

そしてその信頼を、自分とは直接関係ないものも含まれる無数のタッチポイントを通じて、どうやって維持し、伝えていけるのか……それこそが、本書の著者であるラジャ・ラジャマナーが日々考えつづけていることである。

私とラジャは、仕事上でも個人的にも、20年以上の付き合いになる。そのあいだに私は、仕事上の彼の取り組みに、二つの力が働いているのを見てきた。

一つ目は、彼がマーケターであると同時にビジネスリーダーであること、あるいはビジネスリーダーであると同時にマーケターであることだ。誰がどう表現しようが、彼のなかでその二つの視点は横並びに置かれている。だからこそ彼は、ブランドの成果とビジネスの成果とを結びつけるために絶えず努力を続けている。ラジャにとって大切なのは、単なるゴール設定や方針のすりあわせではない。実際にビジネスを前へ進めることだ。

二つ目は、マーケティングが担うべき領域を広げなければいけないという意識だ。ラジャの視線はいつも、次に現れる新しいものに向けられている。たとえば、小型化したスクリーン、声で起動するアシスタント機能、自律走行車など、あらゆるものに。そしてそれらが消費者の行動をどう変え、そのなかでビジネスの存在感をどう高められるかに向けられているのだ。もちろん、新たな環境のもとで、私たち自身が信頼をどう維持し、さらには業績をどう伸ばせるかにも注目している。

ともにマスターカード社で働きながら、私はラジャがそうした力をばねにして、自分たちのマーケティングを、そしてマーケティングという分野全体を変革させる様子を目の当たりにしてきた。

彼が新しいアイデアを口にするとき、最初はそれがどれほど突拍子もないことに思えたとしても（ほんの数例を挙げれば、ロゴからブランド名を削除する、多感覚ブランディング［五感のすべてに訴えるブランド構築のアプローチ］を実践する、eスポーツに協賛するなど）、結局のところ、どれも必ず——そう、必ず——しっかりした科学的基盤のうえに構想され、驚くべき手腕と考察を伴って実行されたのだった。ラジャが先頭に立って行った仕事をもとにハーバード・ビジネススクールやイェール大学経営大学院がまとめたケーススタディ（事例研究）を、いまでは世界じゅうの多くのビジネススクールが教材として使っているのも不思議ではない。

これまでのキャリアを通じてあらゆるタイプのマーケターと接してきた経験から、私は、マーケターが会社のために何を成し遂げられるのかを知っている。また、事業にまつわる厳しい質問をぶつけられて返答に困るマーケターや、自分の仕事と会社のニーズという二つの点をつなげたことで自信を得たマーケターを見てきた。

私は、ラジャと同様に、世界はすでに大規模な変革のただ中にあり、マーケターとしてその舵（かじ）を取り、業績を伸ばすには、点と点をつなぎつづける必要があると考えている。そしてまた、それこそラジャが当社に提供していることだと考えている。

それはつまり、境界線を読み取り、パラダイムの変化を把握し、私たち全員が信頼できるブランドとして前進するための柔軟な枠組みをつくることである。

『**クオンタムマーケティング**』は、マーケターであるかどうかにかかわらず、すべての企業人にとって刺激に満ちた一冊だ。

目次

はじめに

私が初めてマーケティングというものを経験したのは、インドで暮らしていた子ども時代だ。私はよく、食料品の買い出しをする母親と一緒に市場へ出かけたが、そのように買い物に出ることを、「マーケティングに行ってくる（going marketing）」と言っていた。私たちにとって**「マーケティング（marketing）」**と**「買い物（shopping）」**は入れ替え可能な単語だった。

そうして、**マーケティング**という言葉は私の心に刻まれ、購入する品物、特売、無料サンプル、さらにはイベントや展示会への参加など、さまざまな楽しいことと結びついた。私にとってそれが、一人の小さな消費者から見えるマーケティングというものだった。

それから何年かして、私は幸運にも名門大学院であるベンガルール（旧称バンガロール）のインド経営大学院に入学することができた。そこで「本物の」マーケティングを学びはじめ、MBA（経営学修士号）を取得したとき、私はマーケティングについて多くのことが身に付いたと思っていた。実際に、型通りのという意味でなら、その通りなのだ。

だから、大学院修了後に新卒でアジアン・ペインツ社［インドの大手塗料メーカー］に入社した最初の週、役員から声をかけられた私は、それこそひっくり返るほど驚いた。

「ラジャ、わが社はすでにマーケットのリーダーになっているが、これまで社内にマーケティング部門さえ置いたことがなかった。だから、教えてほしい。マーケティングとは、具体的に何をするのかね?」

それは、現在にいたるまでビジネスについて私が耳にしたうちで最高の質問だった。そしてそれは、いまでもよく自分自身に投げかけている問いの一つだ。

この会社で、マーケティングはどんな役割を担っているのか? 何をすべきなのか? どこへ向かうのか? そしてもっと重要なのは、「マーケティングはどこまで行けるのか?」。

現在、マーケティングは危機的状況にある。マーケティングを行う優良企業の大多数が、マーケティングの4P、すなわちプライス(価格戦略)、プレイス(流通戦略)、プロダクト(商品戦略)、プロモーション(販促戦略)を解体し、マーケティング以外のさまざまな領域に分散させている。マーケティングの4Pがなければ、それらの企業においてマーケティングはいったい何をするというのだろう?

多くの企業が、マーケティング予算を年々削減し、マーケティング担当社員の数を減らしつづけている。マーケティング部門ごとなくしてしまう企業すらあるほどだ。ほぼすべての企業がブランド構築の重要性を正しく提唱する一方で、経営幹部のなかにはブランド・マーケティングを「どこか浮ついていて、直接的な効果がほとんど見られない無駄な活動ではないか」と疑問視する向きもあるようだ。

最近の調査では、CEO（最高経営責任者）の80%が自社のマーケティングチームを「信用していない」と答え、[1] 73%はマーケティングチームのメンバーが「事業の観点から頼りにならず、成長を生み出す力に欠ける」と考えていることがわかった。多くのCEOはマーケティングの価値を、あるいはマーケティングが企業にもたらす価値を感じていない。CEOを支える経営幹部のなかでも、マーケターの存在感は薄れるばかりだ。

いまは、マーケティング担当幹部が、短期的にも長期的にも、これまでなかったほど強力なやり方で企業の業績に影響を与えられる時代だ。

しかし、皮肉にもマーケティングは、その存在意義を自ら見いださなければならなくなっている。

マーケティングに対するこうした信頼の低下は、3つの流れから生じている。

第1の流れは、マーケティングの有り様が大きく変わったことだ。テクノロジーが劇的に変化し、データアナリティクス［生データを収集して分析するプロセス］が著しく進歩を遂げ、モバイル機器やSNSによって消費者の行動が変容した。それらがビジネスモデル全体にインパクトを与え、伝統的なマーケティング戦略を根底から揺さぶったのである。

第2の流れは、マーケターが自分たちのマーケティング活動やそのための投資と、その成果である業績とをしっかりつなげられていないこと。その結果、彼らの努力や、彼らが生み出した価値に対する懐疑的な視線が強まっている。

第3の流れは、あまりにも多くのマーケティング責任者が、マーケティングにできることやそれがどのように業績を伸ばせるのかについて、狭い見方に陥っていることだ。

一方には、直線的で分析的な思考をもつ、いまどきのマーケターたちがいる。彼らはA／Bテスト［異なる2パターンのコンテンツを配信し、パフォーマンスの違いを分析する方法］、データ処理、そしてテクノロジーの展開ばかり考えている。ブランドポジショニング、消費者心理、クリエイティブ戦略といったマーケティングの古典的で基礎的な要素にはほとんど関心を示さない。彼らが注力するのはパフォーマンス・マーケティングであり、成果を挙げることだが、その背後にある「なぜ？」には意識が向かないのだ。

そしてその対極には、古典的かつ真の意味で革新的なマーケターがいる。彼らは伝統的なマーケティング領域には強みを見せるものの、ビジネスモデル、デジタルテクノロジー、データアナリティクスについてはまったくわかっていない。

現在、大幅に欠けているのが、両者の適正な組み合わせだ。二つのはっきり異なるマーケティング領域を横断し、右脳と左脳の働きを融合させ、クリエイティブな感性とデータやテクノロジーの力を結びつけられるマーケティング担当幹部がいなければ、それは難しい。

しかしながら、マーケティングはいま、これまでで最も劇的な転換点を迎えつつある。それがマーケティングの第5パラダイム、私が「クオンタム・マーケティング」と呼ぶものだ。

人工知能（AI）、拡張現実（AR）、5G接続、IoT［インターネット・オブ・シングス＝モノのインターネット］、スマートスピーカー、ウェアラブル端末、ブロックチェーンといった新しいテクノロジーが消費者の生活を一変させ、マーケティングの影響力をまったく新しい次元に引き上げるだろう。

すでに、マーケティングの機能や仕組み自体が、圧倒的なレベルで消費者インサイト［消費者自身が気づいていない動機］を引き出し、リアルタイムで交流し、消費者個人との強い絆を結べるほど飛躍的に進化している。マーケティングの道具箱（ツールボックス）に、これほど強力なツール類がそろった時代はかつてなかっただろう。熾烈（しれつ）な競争環境で業績を伸ばすマーケティングの力は、優れているというばかりか、企業が将来生き残るうえで不可欠なものだ。

第5パラダイムでは、新しいテクノロジーが登場し、消費者との新たな接点が生まれ、マーケティングの新たな側面が劇的に切り開かれる。そしてこれらに、社会の変化、マーケティング・エコシステム［複数の企業が循環しながら収益を上げる構造］の崩壊、過去に例を見ないマーケティングの組織や存在自体の危機といった要素が組み合わされる。このように、いわば煮えたぎった大釜のような状況下で、企業は成功と繁栄のためにマーケティングの完全な再起動を迫られる。そのボタンを押すことこそ、私たちが、そしてCEO、CMO（最高マーケティング責任者）、マーケティングのリーダー、教員、学生、スタートアップ企業など、近い将来の成功を目指すすべての人たちがやるべきことであり、とるべき姿勢なのだ。

クオンタム・マーケティングは、これまで私たちが培ってきたマーケティングの知見をすべて忘れようとすることではない。

マーケティングの現場で起こっている急速な変革と、私たちがそのただ中にいるマーケティングの後退を踏まえつつ、眼前に広がるすべてを観察することだ。また、アート、科学、技能としてのマーケティングが陥りかけている重大な危機の兆(きざ)しを見つけて、自覚することだ。そして、マーケティングを再発明し、再構築し、再活性化をはかり、事業推進力としてのマーケティングの勢いを、以前にも増して取り戻そうとすることだ。つまり、あらゆるビジネスにとって、「真の実証的な推進力」になろうとすることである。

第5パラダイムでは、マーケティングにおける数々の伝統的な側面や考え方が全面的な変革を迫られる。クオンタム・マーケティングは、これらのパラダイムシフトを活かしてマーケティングの手法を見直し、再構築することなのだ。


クオンタム・マーケティングは、現在の危機がマーケティング、広告、ブランディングの歴史にその根源をもつと教えてくれる。私は本書で、複数のマーケティング・パラダイムを通して、それについて解説していく。初めの二つのパラダイムは、印刷、ラジオ、テレビ広告の初期から、インターネット時代が始まるまでの期間にわたる。第3と第4は、インターネット、ビッグデータ、現在のモバイルテクノロジー、データサイエンスの支配、そしてユビキタスなSNSプラットフォームの時期と一致する。第5パラダイムでは、人工知能、拡張現実(オーグメンテッドリアリティ)、仮想・複合現実(ミックスドリアリティ)(VR・MR)、5G接続が想像を超える深さと広がりをマーケティングに与える。

第5パラダイムは、マーケティングの仕事に驚くほどの変化をもたらす。

伝統的なマーケティングの基準は急速に変化していく。広告はその存在意義が問われつづける。人々は、もはや広告など見たくないし、実際に広告ブロッカーでスクリーンから広告を遮断している。広告が表示されない視聴環境をつくるためにお金さえ払っている。そしてロイヤルティプログラム「利用頻度や購入金額に応じて顧客を優遇するマーケティング施策」は、ブランドに顧客を取り戻すことの意味をめぐって新しいパラダイムに道を譲りつつ、変質しつづけていく。競争環境も大きく変化している。私たちにとってはすべてが未知の領域だ。新しい世界、まったく別の世界。途方もない複雑さ、広がりと奥行き、影響力、そして手がかりに満ちた世界。それは、創造性、革新性、信じられないような機会にあふれた世界でもある。

マーケティングの潜在能力を最大限に引き出し、事業推進力とブランド構築力に変えていく方法を理解している企業は、競争で決定的優位に立てるだろう。マーケティングの世界では、直近の5年間でそれ以前の50年よりも大きな変化が起こった。今後の5年間では、それらを合わせたよりも猛烈な勢いで物事が進むだろう。それは刺激的でもあり、ひるんでしまいそうにもなる。

特にマーケターは、そして組織も全般的に、第5パラダイムへの備えができていない。将来的に「マーケティングがどのように存在するのか」「どんなかたちをとるのか」「どのような状況や環境のもとで機能するのか」といったことを、私たちは問われている。

私は、グローバルマーケティング企業の幹部としての経験を共有し、現在のビジネスリーダーたちにリソースを提供し、将来のリーダー候補たちに「忠告」と「希望」の両方を示したくて本書を執筆した。

今後、マーケティングの明るい展望とその秘めた力を解き放つには、新しいタイプのリーダーシップと、役割に対する新しい目的意識が求められる。これからは、自社のマーケティングの役割、戦略、取り組み方を根本から見直せる企業だけが成功の道を進むだろう。本書では、あなたが現在の考え方を見直すためのお手伝いをし、明日の消費者を見据えた新しいマーケティングの思考法をマスターするための道案内をするつもりだ。

クオンタム・マーケティングへようこそ！

第1章

マーケティングがたどった道のり ～古代からアルゴリズムまで～

クオンタム・マーケティングについて説明する前に、まずマーケティングの歴史を少々たどっておくことは役に立つだろう。なぜなら、私たちは近代のマーケターがそのすべてをつくり出したと考えているが、マーケティングや広告の基盤はすでに何千年も前から存在しているからだ。

つまり、こういうことだ。ポンペイと聞くと、私たちの脳裏には灰で固まった人たち、噴火する火山、古代の宝物などのイメージが思い浮かぶ。そう、そこは紀元79年にヴェスヴィオ火山の噴火が起こった遺跡であり、いまも考古学者たちの研究が続いている場所だ。ところが、彼らは廃墟から別のものも発見していた。広告だ！

2013年にフィンランドの考古学者が、裕福なポンペイ市民の家々に書かれた政治家の資質や主張に関するメッセージを発見した。[1] 広告とメディア・プランニング、ロケーションベース・ターゲティングがまとめて行われていたのだ！

後の章で、音を使ってブランドアイデンティティを構築する「ソニックブランディング」の考え方について詳しく述べるが、古代中国の資料には、飴屋が竹笛を吹いて客を集める様子が記されている。[2] 私たちがバナー広告を賢い発明だと考えているように、宋朝（紀元960〜1279年）には、「高品質の鋼棒を仕入れ、自宅ですぐ使える上等の針を即座につくります」と書かれた針の広告があった。この広告にはさらに、ウサギが針をもつ絵が描かれている。ブランドのマスコット、あるいはロゴの前身だ。[3]

マーケティングは、こうした初期のシンプルなものから絶えず進化を続けてきた。古代以降でマーケティングを最も大きく飛躍させたのは、15世紀の印刷機の発明だろう。それから雑誌やポスターに広告が掲載されるようになった。商品のパッケージは品質や効能を伝えるものへと進化した。19世紀には、広告代理店が誕生し、石鹸の広告がつくられた。

その後、ラジオ、新聞、テレビ、ケーブルテレビ、インターネットが出現し、デジタルマーケティングが急拡大した。ごく初期のマーケティングにも、現代的な概念のロケーションベース広告、SNS、マーケティング測定などが初歩的なかたちながら織り込まれ、人間の本能に訴えかけることによって、人や社会の思考、感情、行動に影響を与える様子が見てとれるのは興味深い。

進化のフェーズごとに支配的なマーケティング手法は存在していたが、それは必ずしも直線的な進化を遂げてきたわけではない。

たとえば、ポンペイに特徴的な（交通量の多い場所を活用するといったような）やり方を、私たちは2020年に、バーガーキングが展開したアプリと位置情報マーケティングに見てとれる。マクドナルドの店舗近くにいる顧客に向けて、堂々とバーガーキングの優待情報を送信するというキャンペーンを展開したのだ。[4] あるいはまた、ごく初期の印刷広告に特徴的な、基本的な製品特性の説明を、私たちは今日でも数多くのブランドに見ることができる。

第1パラダイム：プロダクト・アズ・ヒーロー

マーケティングの第1パラダイムは、直接的で、論理的で、ほぼ全面的に商品が主役だった。消費者は「理性的かつ論理的な思考で購買の意思決定をするものだ」という前提に立っていた。最高の商品さえつくれれば、消費者は自然に集まってくると考えられていたのだ。だから、マーケターたちの目的は明確であり、戦略はシンプルだった。「競合他社よりもよい商品をつくろう」そして「その事実を消費者に伝えよう」というものだ。

この時代のマーケティングは、競合する商品とは異なる、なおかつそれより優れた商品特性を訴求し、あるいは競合商品より安い価格を提示することによって、消費者の心を商品に引きつけた。衣料用洗剤のタイドを使えば「衣服はもっときれいになる」し、ダッジの自動車は「スムーズな乗り心地」を味わえる。[5] 掃除機なら「エレクトロラックスほど吸引力が強いものはない」のだ。

大量生産時代が到来すると、商品特性にそれほどの違いはなくなり、コモディティ化［高付加価値製品の市場価値が低下して一般的な商品になること］が進んだ。あらゆるブランドが品質優位性を競って研究開発に注力した結果、せいぜいわずかな差異や競争優位性しか確保できなくなってしまった。

この時点で、マーケティングは消費者にとって重要な商品特性を強調し、さらには誇張すら行うようになった。そればかりか、消費者にメッセージを受け入れてもらえるよう、マーケターたちは信頼される、あるいは信頼されそうな著名人にブランドを推奨させた。たとえば、医者たちがラッキーストライクの健康に対する安全性をけん伝した。[6]

そして当然、そのころから消費者とブランドの信頼関係が損なわれはじめた。またそれ以降、広告は世論の形成にも影響を与えるようになり、たとえば残念なことに、ジェンダーのステレオタイプ化などにひと役買っていくことになる。

第2パラダイム：すべては感情次第

時を経て、マーケターたちは重大な事実に気づいた。人は理性や論理より感情で物事を決めるのだ。むしろ、多くの場合には感情だけで！　そのため、マーケターは広告キャンペーンに感情の要素を取り入れるようになった。世の中にテレビが登場すると、映像と音声を組み合わせた説得力あふれるストーリーが、このパワフルなメディアを通して語られるようになった。興味深いことに、感情をかき立てるメッセージには、なんの科学的な裏付けもデータにもとづく証明も必要とされなかった。少々やりすぎと思われるような場合でも、クリエイティブの自由、柔軟さだとやんわりかわされた。消費者との感情的な結びつきが重視される潮流のなかで、マーケティングは単に「商品購入を促すひと押し」というより、「体験への招待」という性格を強めていった。

企業やブランドは、商品を訴求する際、これまでとまったく異なる要素に焦点を当てるようになった。第1パラダイムで中心的だった商品の原料や性能といったメッセージ要素は、情緒的な約束によって補完され、あるいはすっかり置き換えられた。関係性、親和性、ステータス、魅力、幸せ、喜び、成功といったものがすべて、秘密クラブの会員特典のように、消費者が獲得できる神話的な価値となった。コカ・コーラの約束は「コークを飲めば、うまくいく(Things go better with Coke)」であり、ペプシは「新世代(New Generation)」のためのソフトドリンクなのだと堂々とアピールした。

マーケティングは感情という地層を掘り当てた。ブランドや企業は独自の感情空間をつくり出し、占有した。商品特性ならば競合に追いつき追い越すことも可能であり、市場でのポジションも入れ替わるかもしれない。一方、感情によるしのぎ合いはかなり難しい。ある感情空間を手に入れたブランドは、半永久的にその領域を独占したようなものだ。

しかし、どのように感情を売り込むのか？

ブランドを、たとえばラグジュアリー、耽溺（たんでき）、自由、ステータスといった難解な価値と結びつけることが競争戦略となった。商品を理解し、価値を高めることの必要性は変わらない。しかし、ここにいたって企業やブランドは消費者の思考様式（マインドセット）、モチベーション、態度、行動の理解に乗り出したのだ。企業は、消費者の態度測定、商品の使用実態調査、グループインタビューや心理学的調査などを行うようになった。

「消費者は何に憧れ」「誰をロールモデルにしているのか」などといった理解を深めるにつれて、マーケターは消費者と感情的な絆を結び、憧れを生む手段として有名人に頼るようになった。第2パラダイムのスターは、単なる匿名の「コパトーンガール」や、煙草を推奨した医者たちではない。

第2パラダイムのスターは、商品の顔になったのだ。ブルック・シールズはカルバン・クラインの。マドンナはペプシの。マイケル・ジョーダンはナイキの。広告には明確な任務が課され、マーケティングには明確な取り組み方が存在していた。

第3パラダイム：「恐るべき美」が連れてきた新しい技術

マーケターは、感情や独自性の活用を試行錯誤しながら、そこに引き寄せられる消費者との絆づくりを模索していたが、そこに、あるものが忍び寄っていた。

1991年8月6日、それまでは科学者にだけ知られていた難解な情報検索システムを、ティム・バーナーズ＝リーが一般の人々にも開放したのだ。「ワールド・ワイド・ウェブ（WWW）」と呼ばれるそれには、プレスリリースさえなかったが、W・B・イエーツの言葉を借りるなら「恐るべき美」が誕生したのだ。

4年後、この恐るべき美が収益を生みはじめた。1994年10月12日にスタートしたオンライン取引情報ウェブサイト「HotWired」が、AT&T、MCI、ボルボ、クラブメッド、「1-800-Collect」［アメリカのコレクトコール用番号］、スプリント、IBMなど、12の異なるブランドの広告を同時に掲載し、そのためのバナー広告がつくられた。[7]

ここにデジタルマーケティングが誕生し、マーケティング、広告、メディアにかかわるすべての要素が一瞬にして変わった。速さ、規模、インパクトといった概念が生まれ、それ以降のマーケティングはまったく別なものになった。

これが第3パラダイムへの入り口となった。つまり、インターネットとデータベース・マーケティングの出現だ。テレビの登場以降では、これがマーケティングにおける初めての技術的大変動だ。以前はコンピューター技術者、マニア、エコノミスト、リサーチャーといった人たちだけのものだったデータが、新しい得意客（パトロン）と出会ったのだ。

マーケターは、データのもつ威力に気づき、データが生み出す効果の大きさを実感した。彼らの関心は、データを駆使して対象者を絞り込むターゲット・マーケティングに向いた。それによって無駄な投資を最小限に抑え、コストを削減し、企業のＲＯＩ［投資利益率］を大幅に向上させた。このパラダイムから、商業界にもデータサイエンティスト、データに精通したマーケターといった人たちが現れるようになった。インターネットの登場で、マーケターは見込み客や顧客とつながり、交流し、影響を与えるための並外れた能力を手に入れたのだ。しかも大規模に、経済的に、正確に。

ただし、すべてがデジタル化したわけではない。第3パラダイムでは、ダイレクトメールとダイレクトレスポンス広告、そして「一人という層（セグメント・オブ・ワン）」が劇的に増えた。言い換えれば、消費者は一人ひとりが固有の存在として認識され、扱われ、高度に個別化されたマーケティング・メッセージが、カスタマイズされ、覚えやすく、インパクトある方法で、それぞれに届けられるようになった。シティバンクのような企業が送るダイレクトメールは、顧客に複数のクレジットカード残高を連結してもらう手段として始まったものだが、データによるパーソナライゼーションの時代に機能を進化させた。

第3パラダイムでは、マーケターがターゲティングの精度を著しく高めたため、消費者から「あまりにも自分たちに近づきすぎ、あるいは侵略的にすぎる」と警告を受けるようになった。その結果、消費者の主張が行政府を後押しするかたちで、2003年には「Do Not Call」や「Do Not Mail」リスト［電話やメールなどによるセールスを拒否するための登録リスト］の順守を企業に義務づける法律がアメリカで成立した。

ダイレクトマーケティングが消費者に近づきすぎたとすれば、比喩(ひゆ)的な言い方だが、インターネットは消費者のDNAにまで浸透したはずだ。メールやインターネットメッセージの力で、マーケターは手を伸ばせば消費者に届くところまで近づいた。消費者が特定の商品を検索すれば、インターネットはその情報を提供する。そして次はマーケターに、それまではありえなかったような消費者の行動に関するインサイト、つまり消費者との距離をさらに縮めるチャンスを提供するのだ。マーケターは、そのために費用を支払おうと考えた。こうして、ネットスケープ、エキサイト、ヤフーといったウェブブラウザーが、インターネットビジネスで最初に利益を上げる事業となった。その後、グーグルがアドワーズ［検索連動型広告］を開発すると、収益はさらに新たな意味を帯びることになる。実際、早くも2000年には、ハーバード・ビジネススクールのジョン・デイトン教授が、インターネットを多次元的な「マーケティングの総合環境」だと表現している。[8]

消費者もインターネットで大きな力を得た。商品を検索し、互いについて検索し、「あらゆることをもっと知りたい」という欲求に気づいたのだ。インターネットとそこから生み出されたデータは、技術とプラットフォームの組み合わせによるものであり、それが第3パラダイムに舞台を与えた。そして、これこそまさに大きな変曲点であった。すべてのビジット［ウェブサイトへの訪問］、クリック、ページビュー［ウェブサイト内の特定のページが訪問された回数］は、消費者の行動、好み、支出パターンに関する貴重なデータとなった。インターネット広告の急拡大は、「データがどれほど魅力あるものか」を端的に示す現象でもあった。

マーケターがウェブサイトを広告媒体として意識しはじめた1997年に9億4000万ドルだったアメリカのインターネット広告費は、1999年に40億ドルにまではね上がった。[9]

データの出現によって、これまで広告効果にさほど責任を負わずに済ませていたマーケターたちは、ほとんどの領域について、もう以前のように気楽に構えてはいられなくなった。データは広告出稿の測定方法を変革し、当てずっぽうを退け、広告接触者数の計算法を変えた。特定の広告出稿の効果はあっただろうか？ テレビの視聴率はもはや答えではない。新聞広告は商品の販売量を増やしたか？ 発行部数はもはや重要とは言えない。広告は、人々がそれに接触し、行動に移してはじめて成功と言える。新たなインターネット時代においては、接触も行動も突然測定可能になり、しかもそれが小数点のレベルまでわかってしまうのだ。

あるメディアは広告出稿に値しただろうか？　それは、メディア視聴者のうちターゲット属性に合う人や毎日そのメディアにアクセスしている人の数によって決まる。データが、まるで外科手術のような精密さで広告出稿メディアを決めたのだ。

そして、**「リアルタイム」**という言葉が登場する。リアルタイム・アクティビティ、言い換えると、「消費者がたったいま何をしていたのか」「どこにいるのか」がわかれば、その人に合わせてカスタマイズした提案内容や伝え方が導き出される。これによって、真のワン・トゥ・ワン・マーケティングが現実味を帯びてきた。マーケティングＲＯＩは精密に算定される。マーケターは初めて、複数のマーケティング戦略や戦術に対する反応を正しく測定できるようになった。

伝統的な購買ファネル（認知～興味～欲求～行動）は、マーケターが洗練された購買モデルを開発したことによって見直されている。たとえば、認知度向上や競合優位性の確立といった従来の目標設定は、購入検討や購入意欲の推進といった指標に置き換わるだろう。マーケティングのアートとマーケティングの科学が、ついに融合したのだ。

こうした変化によって、マーケティング幹部にも新しいタイプが求められることになった。『マッドメン』［１９６０年代のニューヨークの広告業界を描いたテレビドラマ］に登場するような、豪快さを売りにして特権を享受するキャラクターは、自分が変わるか仕事を変える以外に生き残れなくなった。もはや、データへの精通がマーケティング幹部に必須の条件になったのだ。

第3パラダイムでは、データがさまざまなことを実現させる原動力へと進化した。消費者には、万能で強力な情報検索の枠組みと、全般的なパーソナライゼーション感覚を提供した。マーケターには、企業に対して消費者が一生のあいだに支払う額（生涯価値）を算出し、理解するための方法が与えられた。

そして、より精度の高いリテンションモデル［企業が既存客を維持する力を最大限に発揮できるようなビジネスモデル］の構築を可能にした。フィリップ・コトラーが提唱した有名なマーケティングの4Pが駆動する競争は一巡した。データが、競争戦略の主たる柱として4Pに加えられるときがきたのだ。

第4パラダイム：いつもつながっている

第4パラダイムを特徴づけることになる二つの新しい軸が現れたとき、インターネットはほとんど考慮されていなかった。2007年10月から2008年8月にかけて、大学生向けの伝言板であるフェイスブックのユーザー数が50人から100万人に急増し、SNSが誕生した。これと並行して、2007年6月29日にはiPhoneが発売された。携帯電話とモバイル機器が、消費者の行動様式を完全に変えてしまった。携帯電話は、事実上人間の身体の一部となり、人は寝ているときも起きているときも手放さなくなった。

いまや、マーケターはいつでも消費者とつながれる媒体を手に入れたのだ。

■ 第4パラダイムの火付け役

携帯電話やモバイル機器誕生の背景には、4つの基盤的要因があった。それは、情報処理能力の指数関数的な増大、各種パーツや機器の小型化、安価なインターネット接続の普及、そして高度に直感的な操作を可能にしたユーザーインターフェース（UI）の飛躍的進歩だ。これらに、ユビキタス環境［生活や社会のいたるところにコンピューターが存在し、人がいつでもどこでもアクセスできる環境］と、もう一つの革命的な変化といえるSNSプラットフォームが加わり、消費者の生活環境はあらゆる面で大きく変貌した。これが第4パラダイムだ。

図1は、第4パラダイムへつながる6つの破壊的な原動力を示したものだ。消費者のコンテンツ消費量は、もはや「圧巻」と言うほかはない。ある瞬間に、世界じゅうで1800万人が携帯電話のアプリからショートメールを送っている。400万ものユーチューブ映像が視聴されている。100万人がフェイスブックにログインしている。4100万人がフェイスブック・メッセンジャーか微信（ウィーチャット）からメッセージを送信している。400万人がグーグルに検索ワードを入力している。[10] これらの膨大かつ破壊的な原動力が、消費者の生活環境を根本から変えたのだ。

以下の点について考えてみてほしい。

図1

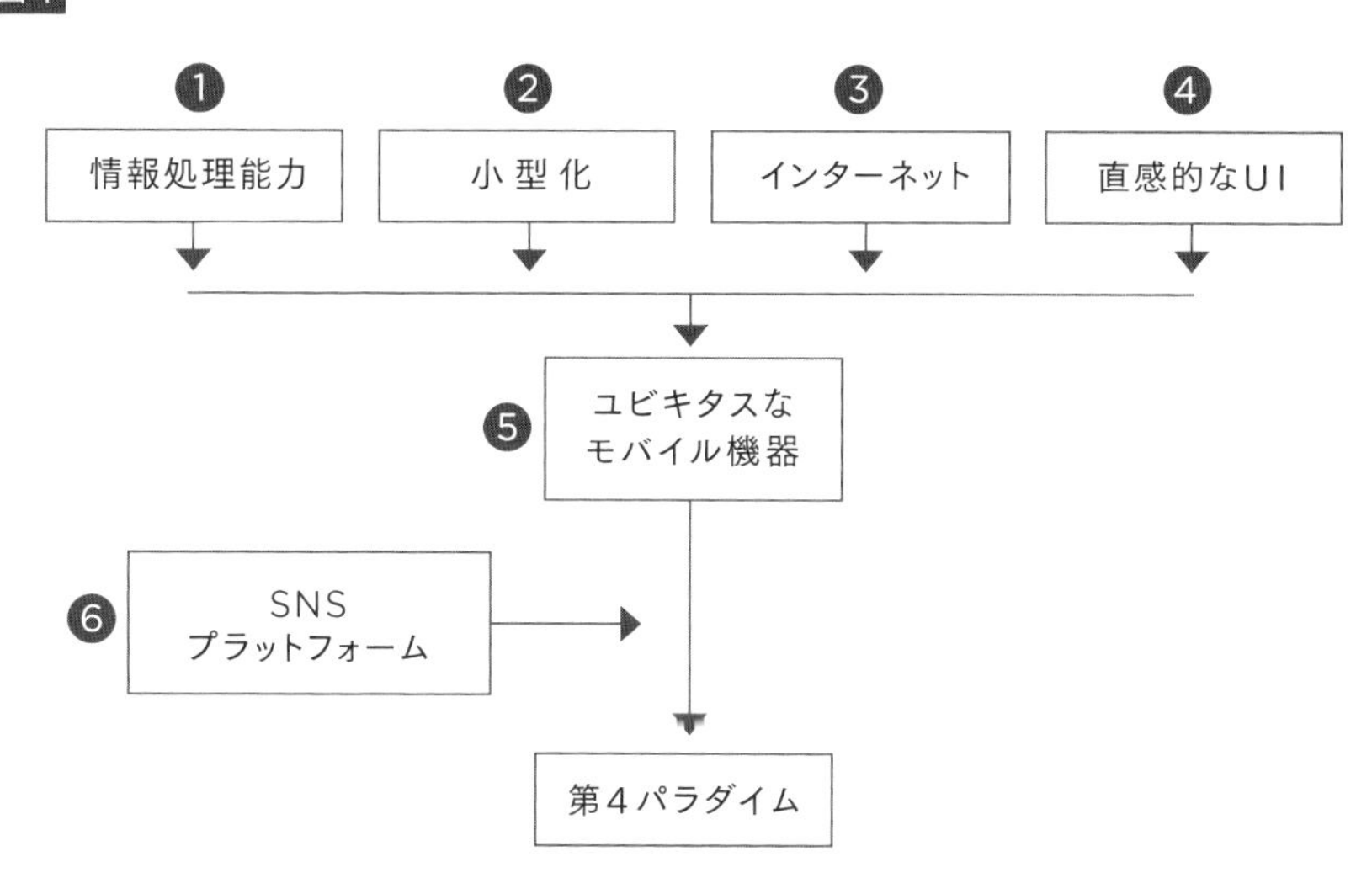

常時接続と常時散漫：平均的な人間の注意力は、8秒と続かない。第4パラダイムで絶えず刺激を受けているため、金魚と同じ程度にまで下がってしまったのだ。人は、休暇中でも1日平均80回携帯電話をチェックする。毎日300回以上確認する人すらいる。各種のデジタルデバイスに、人は1日6時間以上を費やしている。[11] 毎日平均5000回も広告メッセージを浴びている。それらを無視する術も身に付けており、もはや目の前のメッセージを意識することもほとんどない。

プライムタイムの消滅：古きよき時代、私たちはよくプライムタイムの話をしたものだ。プライムタイムになれば、家族全員でテレビの前に集まり、いずれかのチャンネルで話題の番組を一緒に見る。マーケターは、どの番組やチャンネルに広告を流せば適正な視

に巨大化していった。こうした広告エコシステムは非常に複雑であり、結果を導きだし、さらにシステムを回しつづけていくだけで、おびただしい数のプレーヤーを必要とする。こうしたさまざまな中間業者に渡るお金は、広告費全体の40％にのぼるという試算もある。[15]

しかし、第4パラダイムで起こった変化によって、すべてがうまくいっているわけではない。マーケターと消費者の双方から、広告エコシステムへの信頼性が問われるようになったのだ。それを浮き彫りにしたのは、調査会社のK2インテリジェンスがまとめたレポートだ。それによると、広告会社(エージェンシー)からのキックバックや不必要な価格のつり上げが横行し、その額はクライアントが支払った費用の30％からときには90％にのぼるという。レポートによれば、メディアバイヤーは、ときにエージェンシー持ち株会社から広告主の予算を「このメディアに使え」といった圧力を受け、あるいはインセンティブを得ているという。[16]アメリカ司法省は、こうした不透明なビジネス全体の実態を解明すべく調査に乗り出した。[17]

クライアント、媒体社とエージェンシーとの相互の信頼問題とは別に、消費者の側から見た信頼性の問題もある。彼らは、当然のこととして、「自分たちのデータプライバシーが守られているのか」を懸念していて、そうした声がかなり高まったために、厳格な規制が導入された。それがＥＵ（欧州連合）が２０１８年に制定した一般データ保護規則（ＧＤＰＲ）だ。この規則は、すべての企業に対してデータ収集の目的を明示し、メール広告配信やデータ収集に際して消費者に具体的な許可を求めること、消費者がいつでも情報を削除できるようにすることなどを求めている。同様の規制は２０２０年の初めにカリフォルニア州でも制定されている。[18] 世界じゅうの多くの国や地域が、この問題を深刻にとらえているのだ。

第1章のまとめ

ここまで、マーケティングが通過した4つのパラダイムを振り返ってきた。

第1パラダイムは「プロダクト・アズ・ヒーロー」、つまり消費者の購買決定は商品のよし悪しを基準として論理的に行われるというシンプルな前提にもとづいて形成された。

第2パラダイムでは、消費者の感情的側面が掘り下げられたが、それはおおむね商品の機能や価値だけで差別化を図(はか)ることが困難になってきたことへの反応だった。そして多くの場合、商品の存在感が消えてしまうほどに、消費者の感情それ自体が大きな役割を果たすようになった。

第3パラダイムは、インターネットとデータドリブン・マーケティングの時代だった。マーケティングに新たな理解と深みをもたらしたデータアナリティクスは、デジタル・ターゲティングから新しいキャンペーン効果測定基準、顧客がもたらす生涯価値の算出など広範囲で活用された。インターネットというプラットフォームによって、マーケターは消費者の関心や意向を把握し、適正なメッセージを経済的な方法で配信することができた。

第4パラダイムでは、デジタルデバイスによる消費者の移動性(モビリティ)が実現した。デジタルデバイスは、まさに人体の一部となり、人々を夢中にさせた。モバイル技術とリアルタイム・ロケーション技術、そしてSNSプラットフォームが、コネクテッド・コンシューマー［各種機器でインターネット接続している消費者］時代の幕を開け、マーケターは、デジタルチャネルとSNSを追いかけるようになった。

ポンペイの壁や宋朝の針広告の時代から、私たちはなんとはるかな道のりを歩んできたことだろう！

第2章

第5パラダイムがやってくる
～これからのテクノロジー活用～

いま、私たちは第5パラダイムという断崖の上に立っている。これがクオンタム・マーケティング時代だ（図2参照）。

この時代には、新たに出現したものすごい数のテクノロジーによって、消費者生活の変質が（よくも悪くも）急速に進んでいる。消費者の様子は変化し、マーケターは新しいパラダイムの潮流を踏まえてマーケティングのアプローチそのものを考え直す必要に迫られた。失敗が急激に拡大される一方で、成功は人間の注意力と同じぐらい長続きしなくなった。

一般的な科学用語としての「クオンタム」は、従来のアプローチで説明できない影響を言い表している。さらに、測定不可能なほど著しい速さや量の変化という意味ももつようになった。どちらも第5パラダイムのマーケティング、すなわちクオンタム・マーケティングを言い当てている。

図2

5つのマーケティング・パラダイム

第1パラダイム	第2パラダイム	第3パラダイム	第4パラダイム	第5パラダイム
プロダクト・マーケティング	エモーショナル・マーケティング	データドリブン・マーケティング	デジタル＆ソーシャル・マーケティング	クオンタム・マーケティング

まず、次々と現れた驚くべきテクノロジーの風景を見てみよう。

■無限のデータ

あらゆる種類のセンサーが消費者の日常生活に浸透しはじめた。IoT（コネクテッド家電、たとえば冷蔵庫、洗濯機、食器洗い機、家庭用サーモスタット［温度自動調節装置］、その他もろもろ）からウェアラブル端末（スマートウォッチ、スマートリング、フィットネストラッカー）、スマートスピーカー、デジタルアシスタント、コネクテッドカー［インターネットに常時接続できる端末としての機能をもつ自動車］にいたるまで、さまざまだ。これらのセンサーが、消費者の文字どおりすべての呼吸、動き、感情、ふるまいから、かつてないほど膨大な量のデータを取り込んでいる。量子的（クオンタム）に急増したこれらデータの活用法がわかるマーケターなら、そこから素晴らしいインサイトを引き出し、驚異的なレベルにまでキャンペーン効果を押し上げ、顧客との絆を強化できるだろう。これについては、後の章で事例を交えて詳しく説明する。

■人工知能（AI）

本書では、まるごと1章分をAIの解説に充（あ）てている。それはA

Ｉこそが差別化の大きな要素になりうるからだ。単純な消費者調査から複雑な予測解析にいたるまで、過去にデータをどれほど活用していようが、ＡＩにかかれば子どもだましに見えてしまうほどだ。無数のソースから絶え間なく上がってくる各種の膨大なデータを眺め、意味を見つけ、思いもよらなかったほど強力かつ実行可能なインサイトを導き出すのだ。

何よりすごいのは、それらのインサイトがリアルタイムで手に入ることだ。そのため、実行までに時間差がまったくないか、ほぼない状態で、しかも最大のインパクトを与えられる。そのインパクト自体もリアルタイムで計測可能なので、最適化まで一気にリアルタイムで進めてしまう。それがクオンタム・マーケティングである。

また別の次元では、ＡＩが広告コンテンツの制作方法を根底から変える。既存のリソースやプロセスを補完するどころか、強力なパワーとスピードをもつＡＩ自ら制作機能を代替できてしまう。ＡＩがあれば、マーケターはマーケティングのライフサイクルの各段階で起こるすべてを正確に把握し、意味を理解し、それにもとづいて効果の高い施策を実行できる。

■ブロックチェーン

今日、マーケティングのバリューチェーン全体にわたって多数の中間業者が介在している。バリューチェーンとは、各段階で新たな価値（バリュー）を加えるプロセスや活動の連なりを意味する。これらの中間業者たちが必要とされるのは、費用を支払う側であるマーケターと相手方とのあいだに、透明性や信頼が欠けているからであることが多い。たとえば、デジタルメディアに広告を出すマーケターは、「その広告が本当に配信されたのか」「適正な視聴が可能だったか」「視聴者は人間だったのか」といったことを知らなくてはならない。これらをすべて検証するために、さまざまなアドテックその他の企業が現れ、その数も急増した。彼らにも費用を支払わなければならない。それは、本来なら媒体枠の購入に充てられたかもしれないマーケティング費用の一部が、そうした中間業者に支払われるということでもある。

ブロックチェーンはこの問題を軽減する。不要な中間業者は淘汰されていくだろう。広告主と媒体社が直接結ぶ電子契約では、改ざんが不可能になり、広告がどのように、いつ、どこに、どういう形式で掲載されたのかが自動的にアップデートされる。加えて、ブロックチェーンを使えば、掲載商品が本物であることの証明にもなり、偽物やコピー品に対抗できるのだ。

■ ５Ｇ

マーケターにとって、５Ｇはそれ以前と比べて三輪車とバイクほども違う。とてつもなく強力な通信プロトコルであり、たとえばＩｏＴ、自律走行車やコネクテッドカー、ライブホログラフィックプロジェクション［レーザー光を使用して立体的に映像を投影する技術］、複合現実（ミックスドリアリティ）といったテクノロジーの機能を向上させる。マーケターに大きなインパクトを与えるものだ。商品やサービスに、初めて没入型バーチャル体験や３Ｄ体験を導入し、リモートかつリアルタイムで操作できるのだ。消費者のセンサーや行動から得られるシグナルを取り込んで処理し、分析したうえでそのまま適切な施策が実行できてしまう。現在登場しつつある数多くのテクノロジーが、５Ｇネットワークを通じてその機能を発揮できるようになる。

活用がさらに進むテクノロジー予測

■ 拡張現実（AR）

ARは、マーケターの道具箱に新しい特性を加えるテクノロジーだ。これによって、マーケターは現実の環境やバーチャルな環境に別の情報レイヤーを加えることができ、カスタマーエクスペリエンスは著しく向上する。

たとえば、私が通りを歩いていて、携帯電話を取り出すとする。スクリーンには、目の前の風景に重ねてバーチャルなポスターやバナーが映し出され、近隣のカフェ、優待を実施している店、あるいは私がもっているマスターカードでプライスレスな体験ができる店が示される。顧客エンゲージメント［顧客との関係構築と維持］は、新たな次元へと引き上げられるだろう。

■ 仮想現実（VR）

平面スクリーンから3Dフォーマットにいたるまで、その目指すところはつねに、「消費者に没入体験を提供したり、実物に近い説得力に満ちた映像を実現すること」だった。VR機能を備えたワイヤレス眼鏡とヘッドセットの登場で、VRのコンテンツにまったく新しい側面が加わり、メッセージ発信やスポンサー活動を模索するブランドにとっては新たな選択肢が増えることになった。

さらに、5Gの登場で、マーケターはリアルタイムに、かつ消費者の生活や行動に沿った方法で彼らにリーチできるようになった。たとえば、ある旅行会社が消費者に旅行先を提案したい場合、その消費者の関心が高い旅行先に関するVR映像をその場で再生でき、消費者はその没入体験を通じて、その目的地にはどのような旅行商品があるのかを知ることができる。目的地に関する写真を見るよりも、映像を見るほうがインパクトは大きいが、VRを使えば消費者に与えるインパクトはさらに強まり、結果として売り上げやコンバージョン率［サイト訪問者のうち実際に商品を購入した人の率］ははるかに高くなる。

■ 3Dプリンティング

3Dプリンティングのテクノロジーは発展の初期段階にあり、3Dプリンターはより安く、より速く、多様な機能を装備すべく進化を続けている。3Dプリンティングの応用領域も広がってきた。3Dプリンティングによって、品物は別のどこかから輸送するのではなく、その場でプリントできるようになり、サプライチェーン、物流チェーンに大きな影響を与えるだろう。3Dプリンティングはまた、プロトタイプ［試作品］の開発期間を短縮する。マーケターにしてみれば、連射的にテストを繰り返せることを意味する。これこそまさに、クオンタム・マーケティングのアプローチだ。

■コネクテッドカー、自律走行車

これらは、すでに本格展開が始まっている。自律走行車では、乗った人が運転以外の要素に意識を向けていられる時間が長くなる。その分を自分のやりたいことに充てられるのだ。ファストフードの会社は、消費者が空腹を感じたとき自分たちがその前にいたいと考えるだろう。クレジットカード会社なら、そのときの支払い手段に選んでほしいと思うだろう。メディア関連企業なら、彼らが車に乗っているあいだ、目と耳を自分たちのほうに向けてほしいと願うだろう。

自律走行車が5Gその他のテクノロジーと組み合わされば、そこは移動リビングルーム、移動オフィスになる。マーケターにとっては、計り知れないほどの可能性を秘めている。

■IOT（インターネット・オブ・シングス）

ほとんどすべての電化製品はインターネットにつながっている。マスターカードが「すべてのコネクテッドデバイスは決済デバイスだ」と言ったことは有名だが、私はもう一歩進んで「すべてのコネクテッドデバイスはマーケティングデバイスだ」と言いきってしまおう。消費者が冷蔵庫、洗濯機、食器洗い機、サーモスタット、その他のデバイスに話しかけ、デバイスが返答する時代は目の前だ。どれも、マーケターにとっては、消費者一人ひとりの状況に応じたコミュニケーションをとるために活用すべき新しいメディアなのだ。

■スマートスピーカー

技術面からはＩｏＴに分類されるスマートスピーカーだが、これほど急速に浸透していることを考えれば、その際立った外見に見合う位置づけがされてもいいだろう。アメリカでは、グーグルホーム、アレクサその他のブランドですでに全世帯の25％にまで普及が進んでいる。消費者が自分の声でスマートスピーカーとやり取りする内容は、検索、質問、アラームやリマインダーの設定、情報収集、娯楽から買い物にいたるまで実に幅広い。これらのスマートスピーカーによって、従来型の購買ファネルは完全に崩壊した。

さらに、声は目に見えないのだから、マーケターは視覚以外の要素でブランドの存在感を示すことを考えなければならない。マスターカードはソニックブランディングの領域で先駆的な実績を上げたが、この話は後の章で詳しく述べる。

■ウェアラブル端末

ウェアラブル端末はさまざまな領域で発展している。いくつか例を挙げれば、バイタルサイン［血圧、心拍数、意識などの生命兆候］を計測したうえで、「立ち上がりましょう」と提案し、気分まで測る。マーケターにとって、ウェアラブル端末はデータ収集とコミュニケーションのために有効なツールだ。

これは、独自の基準やニュアンスをもつ、まったく異質なエコシステムだと言える。ＩｏＴ

と同様、マーケターにとっては、エコシステムの基準をまとめて、消費者と効果的かつ効率的にやり取りするためのまったく新しいチャンスが広がっている。

■ ロボティクスとドローン

ロボティクスとドローンは、産業と消費者それぞれの状況を根本から変えてしまうほどの可能性を秘めている。すでに、アメリカなど複数の国のホテルでは、ロボットがルームサービスを担い、化粧品その他の小物類を部屋まで届けるようになっている。普及のスピードも速く、アロフト、ヒルトン、クラウンプラザといったホテルチェーンではサービスロボット開発への投資や実際のロボット活用が進んでいる。ケンタッキーフライドチキン（KFC）は、日本の店舗にロボットウェイターを配置した。アマゾンは、まもなくドローンを使った商品配送を開始する。[1] UPS［アメリカの貨物運送会社］も同様だ。これら二つのテクノロジーは、流通やロジスティクスといった分野ですぐに大きな威力を発揮し、マーケターは4つ目のP（プレイス、つまり流通）で著しい効率化を実現するだろう。

これまで見てきたような新テクノロジーによる大変革以外にも、マーケティングのエコシステムや各種施策を根底からひっくり返すほど重大な社会的、システム的変化が多数現れる。その結果、古典的な手法の大半は消滅するだろう。それらについては、後の各章で掘り下げる。

そのうちいくつかを並べておこう。

- ロイヤルティの概念が完全に変質する。消費者がブランドとの関係性をどのようにとらえるのかについて、明確な真実を踏まえた新たな概念が現れるだろう。↓第10章
- 広告が劇的に変わる。あらゆるものとつながったハイパーコネクテッド・コンシューマーに話しかけ、つながるために、クオンタム・エクスペリエンシャル・マーケティングのような概念が現れる。↓第11章
- エージェンシーは大きく様変わりする。実際、広告のエコシステム全体が変容し、従来の境界線はあいまいになり、新しいビジネスモデルが登場するだろう。↓第14章
- マーケティングは細分化される。この領域の複雑さや、マーケティングの果たすべき、または果たせる役割について、当事者以外からの理解が相対的に欠けている現状から判断すれば、その機能は一度細分化されることになるだろう。↓第14章
- パーパス[企業の存在意義、目的意識]がマーケティングにとって不可欠な要素となるだろう。パーパスによって、中立的なスタンス（ポリティカル・コレクトネス）をとっていた企業が、本質的で不動の価値（ノース・スター：北極星）を追求する企

業へと変わる。マーケティングがパーパスを活性化させる。↓第15章

●倫理と価値観に対する注目が著しく高まる。信頼が重要な競争優位性となる。倫理と価値観が、信頼を醸成し、維持するための根幹となる。↓第16章

●危機的な事象が頻発し、リスクマネジメントが重要な意味をもつ。危機の発生時と解決時の両方において、マーケティングが中心的役割を担う。リスクマネジメントはマーケティングの主要な概念となる。↓第17章

第2章のまとめ

マーケターにとって、第5パラダイムはまったくの新世界に感じられるだろう。想像を超える各種の新テクノロジーが出現し、データ量はけた外れに増加し、生活のあらゆる瞬間で消費者にアクセスできるようになり、リアルタイムで施策を打つチャンス、あるいは脅威が生まれ、購買ファネルやその他の古典的理論や枠組みが崩壊する。

そして、これらすべてがマーケティングの有り様を根本から変えてしまうので、マーケターはその戦略、構造、能力についての再考を余儀なくされる。

第5パラダイムにおいて、ブランドや事業は、新しいテクノロジー、新しいメディア、新しい枠組み、新しいインサイトを活用しながら、商品やサービスに対する感動、エンゲージメント、インスピレーションをつくり出す。

消費者は、自分たちが素晴らしい商品や商品体験を望むだけではなく、マーケターが可能なかぎりあらゆるリソースを駆使して、より公正で公平な社会、よりサステナブルな地球環境の実現を通じたポジティブな変化を起こすことを求めるだろう。成功を決める主な要素は、信頼性、没入型のインタラクションやエクスペリエンス、リアルタイム・マーケティング、消費者のライフサイクルを通じた良識と思いやりのあるマーケティング活動、リモート配送、そして一般的なロジスティクスから体験、製品デモ、マーケティングにインパクトを与えるような最先端の現場で活躍できるマーケティングチームの教育研修にいたるまで、すべてをマネジメントすることだ。

第5パラダイムを生き延び、業績を伸ばすため、マーケターに求められるのは、「偏見をもたずに広い心をもつこと」と、「テクノロジーへの精通」だ。マーケターには、この後詳しく説明するようなテクノロジーやアプリケーションについて理解し、使いこなすことが求められる。そうでなければ、「はじめに」で触れたような犠牲者たちの列に加わるしかなくなるだろう。

消費者にとっての第5パラダイムは、コンテンツ、メッセージ、イメージ、新しいデバイス、自動化といったものが、すべて同時に、しかもこれまでになかったような激しさと複雑さで絡み合う迷宮だ。

マーケティング幹部なら、あるいはマーケティングを学ぶ学生であっても、マーケティングとは「消費者と向き合う仕事だ」とわかるだろう。いまも、そして今後も永久に。両者が出会う交差点は混雑し、騒々しいだろう。その交差点こそが、第5パラダイムなのだ。

第3章

「マーケティングはいったい何をするのだ」〜マーケティングの使命を見直せ〜

マーケティングと消費者が出合う第5パラダイムの交差点では、ハイレベルのマーケティング活動が展開される。新しいテクノロジーやデータアナリティクスを適正に操（あやつ）る知識などもたなくてもこの交差点に進入できると考えるマーケターは、明らかに思い違いをしている。

しかし、たとえそうした知識をマーケターがもっていたとしても、この新しい道のりには別の重大なタスクもある。それは、「マーケティングの使命と役割を見直す」というものだ。私は、本章で使命の見直しを取りあげ、後の章でデータ、テクノロジー、科学の話をしようと思う。

もう30年以上も前、私がインドのベンガルールにあるインド経営大学院を修了したころ、マーケティングは卒業生にとって最も人気が高い職種だった。大きな成長が見込まれていたし、創造力が必要で、イノベーションを発揮できる余地があった。かっこよくて優良なキャリアパスと見なされていたのだ。「ビジネスに大きなインパクトを与える、大変目立つ仕事」と言えた。

マーケティングの仕事に就けば、高額の報酬と各地を頻繁に飛び回るチャンスも得られた。マーケティングには右脳と左脳の両方が必要だった。実際、マーケティングは志に燃える若者がその創造性と分析力の両方を巧みに融合し、市場でそのアイデアがかたちになった様子を目にすることができる、おそらく唯一の分野ではないだろうか。それはうっとりするような体験だった！　当時の学生たちにとって第一志望がマーケティングだったというのは、うなずける話だろう。

しかし、過去30年のあいだに、何かが起こった。マーケティングが、なぜかその威厳を、栄光を、美しさを、華やかさを失ってしまったようなのだ。

多くの企業が、マーケティングの役割を細分化し、減らしている。何も、一般にはなじみが薄い産業の、なじみが薄い工業製品や企業についての話ではない。よく名の通った消費財（CPG）企業の話だ。コカ・コーラですらCMOの役職を廃止してしまったのだ（しかしさいわい、その必要性が明確に認識され、その後復活した）。

ここであらためて、なぜマーケティングの4P（プロダクト、プライス、プレイス、プロモーション）が、マーケティング領域の外で管理されるような事態が増えているのかを考えてみたい。フィリップ・コトラーの重要な業績のおかげで、過去の数十年間、マーケティングはそれらの4P

が合わさった具体的なイメージをもってきた。

今日、多くの企業ではマーケティングがプロダクトもプライスもプレイス（流通）も管理しなくなっている。わずかにプロモーション、あるいはせいぜい広告とプロモーションに頼るぐらいだ。それらの要素がすべてなくなってしまえば、「マーケティングはいったい何をするのだ」という問いが浮かんでも不思議ではない。

これはめずらしい話ではない。世界じゅうの多くのＣＭＯと話していると、これはごく最近の、特に直近の10年ほどで加速してきた動きだということがわかる。

いったい、何が起こったのだろうか？

まず、モバイルテクノロジーの爆発的な進歩、インターネット普及の飽和、そして津波のように押しよせるＳＮＳの存在がある。言い換えれば、マーケティングの第４パラダイムが起こっていた。マーケターは、テクノロジーとデータ分野での劇的な進化についていけなかった。ＣＭＯは多くの場合、クリエイティブ領域に偏った仕事をし、自らの役割をアナリティクスや量的な側面よりもクリエイティブな側面に定めていた。そのため、マーケティングの芸術的で美的、デザイン的な側面は大きく進化した。そしてそれは、企業とそのマーケティング部門にとっておおいに役立ったのだ。データとテクノロジーが怒涛の勢いでマーケターに迫ってくるまでは。伝統的に、マーケターはテクノロジーにさほど精通していなかったし、データにも精通していなかった。

古典的なマーケターの仕事は、あっという間にテクノロジストという新種の専門家に取って代わられた。彼らはマーケティングの深い海に飛び込んで、そこに未開拓で活用されないままの可能性が広がっていることに気がついた。真のデジタルマーケティングが誕生し、保守的マーケターの視界には入っていなかったペース、プロセス、方法論の策定が始まった。

そして2種類のマーケターのあいだに、大きな溝が生じた。

一方に、保守的なマーケターがいる。彼らは4P、ポジショニング、購買ファネル、その他マーケティングのあらゆる詳細かつ基礎的な部分を熟知している。

そしてもう一方に、新しい種類の現代的マーケターがいる。彼らにとっては、データ、テクノロジー、実験とテスト、高度に自動化されたプログラマティックなオペレーションがすべてであり、マーケティングの基礎的な要件にはほとんど関心を示さない。

今日でさえ、もしも保守的なマーケターにプログラマティック広告の技術的な仕組みや、特定のデジタルテクノロジーの内側でどんなことが起こっているのかをたずねても、彼らは表面的な知識をもっているのがせいぜいで、多少深く突っ込んで聞けば、もうお手上げになってしまうだろう。彼らはこの領域を掌握できていない。第三者か、より精通している誰かの言いなりになるしかないのだ。

次にくる波はデータ

もう一つの大波は、データとデータアナリティクスだ。ここでもまた、マーケターやCMOたちはそちら側の出身ではないので、その多くはデータアナリティクスを理解し、操る力に欠けている。大量のデータを浴びせられでもすれば、すぐに萎縮してしまうだろう。いまの時代、データを操り、活用し、データアナリティクスを駆使するだけの知識をもたないマーケターは、もはや時代遅れで価値がないと見なされるリスクを背負っている。

マーケティングがその存在価値を失いかけている現状は、第三の切り口からも垣間見える。SNSの出現によって、かつてないほどマーケティングの民主化が進み、たとえ規模の小さい企業でも、大企業と正面から渡り合えるようになったのだ。市場で大成功を収めることは、もはや大企業だけの特権ではなくなった。誰であれ、優れたアイデアをもつ者がSNSを有効に活用したり、そしてそれによって爆発的な認知度と強いインパクトを獲得し、ごく短期間のうちにブランドを構築できたら、大企業と互角に戦うことも可能になった。

こうしたもろもろの進化に、古典的マーケターは不意討ちを食らった。彼らは世界に追い越され、その多くは新たなパラダイムで好調を維持できなくなった。

これらすべては、ごく最近の第4パラダイムで起こったのだ!

一般に、広告・マーケティング費は、技術費や人件費と並んで損益計算書において最も重要な支出項目とされる。そのため、多くのCEOやCFO（最高財務責任者）にとって、広告・マーケティング費は業績不振のときにいつでも簡単に削減できると見なされてしまう。マーケターがマーケティング活動と業績との因果関係を明確に説明できなければ、あるいは業績への影響を定量化できなければ、活動予算を守ることはできない。企業の売り上げや最終損益にとって、または企業の成長にとって、マーケティングが具体的にどんな役割を果たしたのかを聞かれると、多くのマーケターはすくんでしまいがちだ。そして、そうなったとき、彼らは終わりなのだ。

財務に関する質問への回答が、ブランド認知度、ブランド選択傾向、ネットプロモータースコア［顧客ロイヤルティを測る指標］、その他ブランドに関するありとあらゆる指標にもとづくものでは、彼らは聞き手の関心も信用も失うだろう。財務の質問には財務の回答が求められる。ブランド指標は間違いなく有意義で重要だが、特にマーケティング部門以外の人たちは、当事者ほどには関心をもっていないものだ。それに、ブランド指標はより中長期の業績に対する影響を示すものだと認識される一方、プロモーションや値引きは即時的なインパクトをもっている。

したがって、CEO、CFO、その他損益計算書に責任を負う幹部たちは、何より「今日の業績を上げないかぎり明日はやってこない」という考え方のもとで、売り上げに直結するキャンペーンを推奨しがちになる。そう、明日のことは明日になってから考えるスタイルだ。

ブランドの効果は長期にわたるものだが、誰だっていずれこの世からいなくなる。それならなぜ、ブランドについて悩む必要があるのか?

同様に、広告やマーケティングの賞は、マーケターにとってこその一大事だ。はっきり言って、マーケティング関係者以外は気にも留めていないだろう。そんな暇はないし、意義も感じないし、寛容になるつもりもない。

しかしながら、言うまでもなく、マーケティングチームおよびパートナーを組むエージェンシーにとって、賞はとてつもなく重要だ。それは、自分たちの優れた作品に対する業界関係者からの信認であり、評価なのだから。

私自身の経験でも、これまでCEOやCFOからの厳しい質問を避けようとするマーケターを何人も見てきた。それでは彼らにとってもマーケティングにとってもよくない。自分たちはスキルや実行力に欠けると言うようなものであり、マーケティングの機能全般に対する信頼まで失ってしまう。営業や財務の担当者、ひいては多くのCEOがブランドとマーケティング機能を「些末(さまつ)な消耗品」というレッテルを貼るまでに時間はかからない。マーケターが事業の基礎的で詳細な側面を理解しないかぎり、マーケティング機能を有効に位置づけ、守り、主張することは不可能だ。

多くのＣＭＯやマーケターは、ブランド構築、ブランドの差別化、ブランド・ポジショニング、ブランド・マーケティングこそが自分たちの最も神聖なる任務と考えがちだ。

その一方で、パフォーマンス・マーケティングや戦略的マーケティングといった領域の、特に販売量、見込み客、来店者、顧客への転換（セールスコンバージョン）その他の数値を伸ばすことに注力する企業群もある。

パフォーマンス・マーケターは、通常かなり有利な位置にいる。企業内の誰もが、マーケティング活動と業績との相関関係を目で見て理解できるからだ。ただし、視点はおおむね一日単位、週単位、月単位のパフォーマンスにとどまる。そして多くの場合、それらのマーケターや彼らの会社は、ブランド構築を無視しがちになる。ブランド構築は中長期にわたる活動であり、その成果が最終的なものとして現れないからだ。

ブランドの強さとブランドの成長、あるいはブランドの強さとビジネスリテンション［既存顧客の維持］の因果関係を明確にすることは難しい。そしてもしもマーケターがブランディングだけを考えようとする純粋主義者だったら、彼らはビジネスの何たるかをわかっていない浮ついた人間と見なされてしまうだろう。

第５パラダイムでクオンタム・マーケターが担うべき役割は、次の４本の柱で構成されている。

1．ブランド構築　ブランドは差別化、価値の理解、競争優位性のために大切というだけでなく、不可欠なものだ。強力なブランドの構築は、企業の短期的、中期的、長期的な健全性を維持するうえできわめて重要だ。マーケターはブランドの執事であり、社内外のパートナーたちがそのことを十分に理解しているかどうかにかかわらず、将来を見据えてブランド構築を進める必要がある。

2．レピュテーションマネジメント［企業の評判維持・向上活動］　先進的な企業の多くが、マーケティングとコミュニケーションやPRを一体的に扱っている。結局のところ、それらは単一の連続体なのだ。マーケティングとはブランドに自らを語らせることだし、PRとは他者にブランドのよい部分について語ってもらうことだ。SNSへの投稿は、それ一つでブランドをつくることも、傷つけることもできる。だとすれば、それはデジタルマーケティング、あるいはデジタルコミュニケーションの責任領域だろうか？

どちらであれ、答えは「イエス」だ！　否定的な言葉やフェイクニュースが大量に発生する世界で、多くのブランドは遅かれ早かれ、悪く言われるときがくるだろう。マーケターは断固としてブランドとその評判を守り、消費者の信頼を損ねないための計画を策定すべきだ。ブランドの構築であれ、ブランドの評価を守る活動であれ、結局はブランドマネジメントであり、クオンタム・マーケターにとっての中核的任務なのだ。

3. 事業の成長促進　マーケティングとはマーケティングのために行うべきものではなく、あくまでも事業から利益を上げて、成長を促進するための活動であるべきだ。それがマーケティングの担う非常に重要な責務となる。中でもパフォーマンス・マーケティングは全般的な事業の成長を促す。

多くの企業で見られることだが、マーケティングが組織全体のけん引役を果たしていない場合、事業の成長に責任をもち、商売を活性化するマーケターでないかぎり、話を真剣に聞いてもらうことは難しい。公平を期して言えば、利益の上がる事業成長に貢献できないのなら、優れたブランドをつくる意味などあるだろうか？　マーケターは、それが公式に委ねられた任務かどうかにかかわらず、事業の成長に貢献すべき存在なのだ。

4. 競争優位性を維持するためのプラットフォーム構築　クオンタム・マーケティングの4本目の柱は、自社のプラットフォーム、パートナーシップ、知的財産権（ＩＰ）などを通じた持続可能な競争優位性の構築だ。特に、マーケターは4Ｐのすべてを管理していないという点を踏まえると、これは彼らが担うべき非常に意義深く重要な役割である。

つまり、それでも彼らは、ブランドを差別化し、その差異を長期にわたって持続させるために、マーケティング上の資産や特性を活用したプラットフォームを構築することによって強力な競争優位性を確保できる。それは、強力かつ深遠で幅の広い堀を、企業やその商品、サービスの周囲に巡らせるということだ。

これら4本の柱（図3参照）に取り組むにあたり、多くの企業では最新テクノロジーに精通したマーケティングの専門家やリーダーが社内に不足しているか、そのための技術や機能が十分に備わっていない。すべてのCMOは、何よりもここに注力すべきだろう。

マーケターたちには、それぞれ異なる能力や強みが備わっている。古典的なマーケター、現代のマーケター、パフォーマンス・マーケター、そしてマーケティング・イノベーター。企業は、4種のすべてを効果的に組み合わせるべきだ。異なる者同士が互いに影響を与え合い、教え合うことによって、定性的マーケティング、定量的マーケティング、パフォーマンス・マーケティング、マーケティングのプロセスマネジメント、マーケティングで起こるイノベーションといった複数の領域を横断した業務の遂行が可能になる。これら機能の一つひとつが、企業をより際立たせる。

第5パラダイムでは、膨大な数の新テクノロジーが出現するため、テクノロジーを理解しているマーケターの存在が何より重要だ。企業はまた、マーケティング部門内にテクノロジスト、財務、調達、法務のスペシャリスト、データアナリスト、リスクマネジャーを配置する、あるいは彼らが部門外から深く関与し、サポートする体制をつくる必要がある。

マーケティングは、今後確実にその複雑さを増していく。そうである以上、素早くかつ効果的に動くため、マーケティングがこれらすべての領域にまたがって日々の活動に深く関与していかなければならない。マーケターにとっては、自分の役割と職能にしっかりと向き合うため

図3

マーケティングの4つの使命

ブランドを構築する	評判を守る	事業を活性化する	競争優位性を維持するためのプラットフォームを構築する

にも、十分な装備をもっておくべきときになる。

企業が、将来にわたりそのマーケティング機能を発揮していくための基盤を固めるうえで、どのような能力をもつ新入社員を集められるかは、とても重要な問題だ。しかし、大学卒業後に就職を検討している学生のうち、成績上位者の多くはシリコンバレーや起業の道を選ぶか、投資銀行やコンサルティング会社を目指そうとする。マーケティング職を第一志望にしようと考える者はごくひと握りだ。

実際、2019年に行われた調査によれば、エンジニア、看護、セールスが大学卒業生に人気の職種トップ3だった。マーケティング関連のキャリア（プロジェクトマネジメント）はようやく6番目に出てくる。

全米広告主協会（ANA）が最近行った調査で、実際のマーケティング活動と大学側の理解とのあいだに大きな隔たりがあることがわかった。大学の卒業生たちはANAに対して、マーケティングとは「単に広告と販売のこと」だと回答したのだ。調査からは、学生の多くがマーケティング活動に関する知識をもっていないことがわかった。さらに、そのうち多くはマーケティングについて、詐欺の一種といったマイナスのイメージすらもっていた。素晴らしい調査から、恐ろしい結果があぶり出された。何しろ、マーケティングについて彼らがひどい認識をもっていたのだから。ANAは「マーケティングをマーケティングしよう」という取り組みまで提案した。これこそ現状にふさわしいし、とにかく必要なことだ![1]

学生たちに、マーケティングのキャリアを志向してもらえるよう動機づけし、準備してもらうというのは、大変重要な活動だ。しかし、多くのMBAの授業で扱われているケーススタディや素材は、内容が古い。これほど速く物事が進み、日々変化が続く時代に最も重要なのは、できるかぎり最新かつ最良の資料を学生たちに提供することだ。

マーケティングを教える教授の多くは、SNSが誕生する以前にマーケティングを学んでいる。彼らが何人かのCMOにごく短期間帯同して、現場で日々起こっていることを観察できれば得るものも多いのではないだろうか。

そして、現役のマーケターは、大学に最新のマーケティング事例を提供し、教授が次世代のマーケティングを担う人材を育成する役に立ててもらうべきだ。また、CMOやマーケティングの上級幹部たちは、自ら大学へ出向き、学生たちと交流し、マーケティングがやっていることを紹介し、彼らに真の刺激を与えるべきだ。

ハーバード・ビジネススクールでマーケティングを教えているスニル・グプタ教授も、これに賛同している。彼は私にこう語った。「マーケティングはここ数年で劇的に変化した。以前よりもはるかにデータの活用が進み、リアルタイム化が進んだ。こうした新しい視点を学生に伝えようとするなら、私たち自身が頻繁に知識をアップデートし、この革命の最前線にいる業界のリーダーたちと連携していくのが唯一の道だ」。

これほど刺激に満ちた、目の前に広がる素晴らしいチャンスや可能性の扉を開く機会に巡り合えるような職種は、他には見当たらない。それはワクワクするような時間となるだろう。

マーケティングに携（たずさ）わるなら、いまほど理想的なときはない。そのことを、私たちは学生に理解してもらう必要がある。そしてこれも重要なことだが、あらゆる組織において、そこで成長し、経営幹部を目指そうという人なら、キャリアの途中で必ず一度はマーケティングの仕事を経験してほしい。

マーケターにとっても、それは同じだ。マーケティング職の最高位にたどり着く前に、一定期間、必ず他の職種を経験し、理想的にはそのなかで損益管理の経験を積んでおくべきだ。それが成功への処方箋となる。私の場合、さいわいだったのは、キャリアの半分で損益管理にかかわり、残る半分をマーケティング管理の職務に費やせたことだ。

私の上司であるアジェイ・バンガのキャリアは、マーケティングとセールスから始まった。その後、いくつかのビジネスマネジメント職を経験したうえで、最終的にマスターカードのCEOになったのだ。バンガは、10年以上にわたって会社の圧倒的な成長と成功をけん引し、最も成功したCEOの一人になった。

マーケティングの重要性と価値を理解している彼は、「すべての本部長クラスが経営幹部に昇格する前に一度はマーケティングの現場を経験しておかなければならない」と強く主張した。それは、会社に計り知れないほどの文化的影響を与えるだろう。彼に称賛をおくりたい。

ただし、これはCEOがトップダウンで推進していく必要がある。そして、CEOに対してマーケティングの価値を論証し、マーケティングへの信頼をつくり出すのは、CMOの役目だ。特に、専門的かつ本格的なマーケティング活動が業績向上を導いたことへの認識がないCEOが相手なら、なおさらだろう。

消費財を売る企業では、つねにマーケティング部門が事業をけん引してきた。他の各部門は、企業を成功へと導くためにマーケティング部門が策定したアジェンダ（計画）の下に結集したのだ。

しかし、それ以外の業種において、マーケティングは補助的な役回りを担いがちで、全体のリーダーにはならない。方針を立てるのは事業主、あるいはセールス部門のトップか、国や地域のトップになる。この違いを認識しておくことは大切だ。こうした企業が消費財かFMCG（日用消費財）の業界から人を雇い入れると、その人は自分がけん引役を担わないことに戸惑ってしまう。

現代のマーケターは、序列だとか、誰が計画を決めるのかといったことよりも、「自分たちが会社に対してどんな価値を生み、どんな貢献ができるのか」「どういう影響を与えられるか」

といったことのほうが意義深いと認識しておくべきだろう。マーケターがそうした考え方に立てれば、可能性はいくらでも広がっていく。

それが、真のビジネスパートナーになるための、勝利のマインドセットなのだ。


4本の柱に沿ってマーケティングの使命を根本から見直そうとすれば、現代のマーケターはもはやマーケティングだけのスペシャリストではいられない。

クオンタム・マーケターには、データ、デジタルテクノロジー、コミュニケーション、PR、販売、ビジネスの動向、企業財務、成長の推進力、その他さまざまな領域に関する十分な理解が求められる。事業は、これらや、さらに多くの要素が絡み合って動くものだからだ。

まとめれば、クオンタム・マーケターはマーケティングの専門家として優れた能力を発揮するというよりも、マーケティングに関する深い知識をもち、かつ多様な領域に対応できるゼネラルマネジャーであるべきだ。ビジネスマネジャーとしての思考をもちながら、マーケティングのあらゆる側面に対して深い理解と強い興味をもっている必要がある。また、チームメンバーに対して、既成概念にとらわれず、大きな構えで物事を考えられるような刺激を与え、必要に応じて彼らを先導する必要がある。


あるとき、一人のCFOからこう質問された――「マーケティングの何がそれほど重大だというのだ?」。

その人の認識では、マーケターは単にエージェンシーに説明し、フィーを支払い、エージェンシーから上がってきた素晴らしい企画を承認する……その程度だというのだ。

残念ながら、同僚たちがマーケティングの意義と機能をまったく理解していない場合、その先には厳しい道のりが待ち受けているだろう。しかし、仲間や同僚を教育し、説得し、巧みに影響を与えられるかどうかはマーケター次第でもある。会社に対してその価値を証明するには、マーケティングの努力によって業績が向上したことを示すことが、何より早く、そしてわかりやすい。

真の見直しを実現させるには、ＣＥＯがマーケティングの新たな役割を支持している必要がある。マーケティングをより進化させ、内容を精緻化し、正しい方向へと導いている企業がある一方で、はるか後方に遅れて、早く次の角を曲がらなければもう間に合わなくなる企業もある。なぜなら、圧倒的な変化がすぐそこまで迫っているからだ。適切な準備ができていなければ、競争と市場原理の荒波が、マーケティング機能と企業を飲み込んでしまうだろう。

しかし、正しく準備し、正しいポジションに立てていれば、企業はマーケティングのもつ本来の強い力を解き放ち、爆発させることもできる。

いまこそ、マーケティングの栄光と威厳を取り戻すときだ。明確な役割を掲げて、いざ前へ進もう。

第3章のまとめ

↓多くの企業が、組織でのマーケティングの役割を細分化し、減らしている。これは、テクノロジーとデータの劇的な進化に企業がペースを合わせられないところに根本的な要因がある。

↓クオンタム・マーケターには4つの使命がある：

1. ブランド構築
2. レピュテーションマネジメント
3. 事業の成長促進
4. 競争優位性を維持するためのプラットフォーム構築

↓CMOは、「マーケティングを重視し、活用する企業文化」へと転換させるためにCEOと良好な関係を築き、信頼を得る必要がある。マーケティングの機能を強化すれば、企業がもつ、非常に大きな潜在能力も解き放てるだろう。

第4章

データのジレンマ～その素晴らしさ、そして難しさ～

マーケターがその使命を正しく認識したら、次に注力すべきは、そこへ命を吹き込み、実践するための計画づくりだ。第5パラダイムで具体的な成果を挙げるために、マーケターはさまざまな領域に関する理解を深め、専門性を高めなければならない。

私は、本章と後の各章を使って、テクノロジーからマーケティングの科学まで多岐にわたる領域について説明する。

しかし、物事は一つずつ順番に進めよう。マーケターは、データ、データアナリティクス、そしてＡＩを理解し、扱える必要がある。データは第5パラダイムの貴重な必需品なのだ。

では、始めよう。

私は、1994年から2009年までシティバンクに勤務していた。そのごく初期、1995年に、私は会社初のデータアナリティクス部門をアラブ首長国連邦（ＵＡＥ）で設立し、そこで分析した内容を、当時新たに参入したばかりのクレジットカード事業で活用した。

成果はすぐに現れた。シティバンクは市場参入が最も遅れたうちの一社だったにもかかわらず、1年足らずで地域のマーケットリーダーとなり、クレジットカードは安定的に利益を稼ぎ出す事業へと成長したのだ。念のためにつけ加えれば、ここの市場は圧倒的に現金決済で成り立っていたが、私たちはクレジットカードという手段をもち込み、カード事業というカテゴリーと自社ブランドの両方を発展させた。

それ以来、私はデータがマーケティングに与える計り知れない力を実感してきた。データは、これまでもこれからも、私のマーケティング道具箱において強力かつ欠かすことのできないツールだ。その後、私が働いてきたどの業界においても、データアナリティクスは企業の健全な戦略構築や、その効果的な推進を実現する最も重要な要素となっている。

第5パラダイムではデータの重要性がさらに増す一方で、ほとんどのマーケターがこれまで定量分析の経験を積んでこなかった。こうしたことを踏まえて、本章ではデータに関してマーケターが知っておくべき要素を、なるべく簡単な言葉で説明しようと思う。

マーケティングにおけるデータアナリティクスは、毎年何十億通の単位でダイレクトメールを発送するアメリカのクレジットカード企業群とともに発展してきた。100万通の発送に対して、反応があるのは4000人にも満たなかった。わずか0・4%だ。逆に言えば、届いたメールのうち99・6%はゴミ箱へ直行したことになる。ある意味では、これこそ

「spray and pray」（運頼みの無差別乱射）vs.精緻で効率的なターゲティングの究極例でもあった。

各社は、一方ではダイレクトメールに反応する可能性が高そうな見込み客を探り当てる方法について模索しつつ、もう一方では企業との生涯にわたる関係（ライフタイム・リレーションシップ）を通じて最も利益をもたらしてくれそうな見込み客を特定するための新たな策を探しはじめた。そのためには強力なデータアナリティクスが必要であり、アクイジション〔新規顧客獲得〕に携わるマーケターがデータの力を理解し、有効活用することが求められた。データの活用方法がわかっている企業や金融機関は、相当な競争優位性をもっていた。データは、市場において自社を差別化し、競争から抜け出すための新たな通貨となりつつあった。

企業全体で活用できるデータベースの開発が進み、マーケターは企業と顧客とのあらゆる関係性（リレーションシップ）にもとづくライフタイムバリュー〔顧客生涯価値〕を計算できるようになった。そして、そこから商品ベースではなくリレーションシップにもとづく戦略が立てられるようになったのだ。

グーグルその他さまざまな広告プラットフォームの登場によって、これまでデジタルメディアを活用してきたマーケターは、データのもつ威力を正しく認識できるようになった。また、データからそれまでになかったほど正確でターゲットが絞られた、実行可能なインサイトが得られることを実感した。そして、データによって、消費者に向けたメッセージを洗練させて、他社ではなく自社ブランドを選んでもらうための高度に最適化されたプロモーションが企画できるようになった。

さらに、マーケターは、突如として顧客の状況に合わせた広告づくりができるようになったり、マーケティング投資回収率（ＲＯＭＩ）をかなり正確に測定できるようになった。競争優位性を生むのはデータそのものではなく、データを見渡し、分析し、競争優位性につながる発見を引き出す力だということが明らかになったのもこのときだ。

これらはすべて、継続的なデータ収集、データベースの更新と整理、できるかぎりリアルタイムでの分析、さらには現状への対応策と先を見越した対応策の両方を必要とした。マーケターは、自社データ（第一者データ）と外部データ（第三者データ）を結合させることによって、はるかに豊かな質と深さをもったインサイトを得られるようになった。その結果として、マーケティングの有効性が著しく高まったのだ。

マスターカードのＡＩ（人工知能）担当執行副社長ロヒット・チャウハンは、これらのことを非常にうまく整理している。

「データは文字どおり大海原だ。私たちには、内容を頭に入れて、そこから意味を抽出するための方法が必要だ。すべてを煮詰めた後のデータは、3つのバケツに入れられる。説明（何が起こったか）、予測（何が起こるか）、規範（消費者データの大きさ）だ。これらの違いを説明するシンプルな比喩を紹介しよう。何よりも説明データに頼る企業は、バックミラーを見ながら車を運転しているようなものだ。見えている内容は有益だが、ある時点までのものにすぎない。予測データを使う企業は、未来を予測し、それに備えている。フロントガラスを通して道路の前方を見ながらよい運転ができる。素晴らしい。だが、それ以上よくなることがあるのだろうか。GPSの助けを借りた運転！　それが規範データだ。どこで右へ曲がればよいのか、目的地まであとどれくらいか、この先に事故や道路の陥没はないか、といったことがわかる。運転の効率と効果をこれまでと異なるレベルにまで高めてくれる」

なんとも見事に要点をとらえた説明ではないか！

規範データすなわち、豊かな消費者データは、後方や前方を見るだけでなく、その時点で目に見えないものまで見せてくれる。

データにもプライバシーがある

データは諸刃(もろは)の剣(つるぎ)でもある。有意義かつ効果的なマーケティングを行うためのインサイトが得られるだけではない。適切に保護されなければ、消費者に損害を与えてしまうおそれもあるのだ。

たとえば、ある人が検査を受けるため病院へ行ったとする。その際の医療データが悪い人の手に渡ってしまうと、その人は深刻なトラブルに陥るかもしれない。その人の雇用を検討している企業がその医療データを入手すれば、健康状態が生産性やパフォーマンスといった点でマイナス材料だと判定されて、雇用の取り消しにつながることだってありうる。

このように、データが誰かの手に渡り、利用されてしまえば、個人にとって深刻かつ不利、不当な影響が生じ、さまざまなチャンスが損なわれる事態につながりかねないのだ。そうした理由から、データの悪用、乱用を防ぐためにさまざまな規制措置が講じられている。

アメリカでは、HIPAA（医療保険の携行性と責任に関する法律）が、すべての健康情報を保護し、人々の生活を破壊しかねないデータの乱用、誤用を防ぐ役割を果たしている。皮肉にも、そして残念なことに、この種の健康情報保護は現在でさえ多くの国々で実現していない。

データ活用については、業界ごとに進化のレベルが異なる。たとえば、医療業界は、先進諸国においてすら、データ収集、データ照合、データ共有についてはいまも暗黒時代のままだ。理想的には、患者が病院で治療を受けるとき、医師と医療チームはその患者が過去に受けたあらゆる治療に関する、すべての医療データにアクセスできるべきだろう。

しかし残念ながら、データの運用基準とシステムは病院によってばらばらだ。そのため、患者の医療情報を関係者同士で的確に共有し、正しい情報にもとづく高品質のケアを実施し、最も望ましい成果を出すことが困難になっている。

「医療業界にとって、データが活用できれば非常に大きな機会が生まれます。医療提供者が患者の、特に慢性疾患をもつ人の病歴を知ることができるのですから」と、ボン・スクール・マーシー・ヘルス［アメリカの大手ヘルスケア事業者］のジョン・スターチャーCEOは語った。

「患者の病歴やライフスタイルについてより多くの情報を得られるほど、先進的な治療法や予測モデルが活用でき、その人にとって最適な生活パターンを提言し、健康維持につなげてもらうことも可能になります。そうすれば、急性疾患に陥ってから治療を始めるような事態も回避できるのです。各種データを統合すれば、医療提供者は、最も適切かつ有効な、そして費用効率の高い医療サービスを提供できます。不必要な医療コストを削減することは、すべての医療提供者にとっての優先課題です」。

では、これはマーケターにとってどれほど重要なテーマだろうか？

医療業界のマーケターにとっては、健康データとライフスタイルのデータ（何を買うか、何を食べるか、などを含む）を組み合わせれば非常に強力なインサイトが導き出せるため、健康的な習慣やライフスタイルを追求したい一人ひとりの患者に合わせた効果的なメッセージ戦略の立案や実効性のあるインセンティブ、報酬プログラムづくりが可能になる。

センサーは何でも知っている

では、第5パラダイムの話へ入ろう。もしも、すでにデータの大波におぼれかけているというマーケターがいたら、ちょっと待ってほしい。

コネクテッドデバイスはそこらじゅうに設置され、さらに増える予定だ。携帯電話は、さまざまなレベルでセンサーの役割を果たしている。私たちは、携帯電話を複数の用途で使う。電話をかけ、買い物をして、自分の健康状態さえ測定する。

消費者にとって、それは世界をのぞくバーチャルな窓であり、マーケターにとっては、消費者の生活やライフスタイルをのぞくことができるバーチャルな窓なのだ！

センサーはすでに広く普及しているばかりか、いまも続々と増えている。

スマート電球（フィリップス）、コネクテッド冷蔵庫（サムスン）、スマート食器洗い機（ワールプール）、スマート洗濯機・スマート乾燥機（メイタグ）。そして各種のウェアラブル端末。時計（アップル）、リング（オーラ）、ロケット（ナバミー）、衣服（リーバイス）、靴（アディダス）は、いずれもセンサー付き製品が売られている。コネクテッド睡眠モニター（オウレット）、コネクテッドトイレ（コーラー）も。さらに、スマートサーモスタット（ネスト）、スマートスピーカー（アレクサ）、スマートロック（リング）。

これらすべてが、私たちの一挙手　投足を、そして一呼吸一呼吸を追跡しているのだ。あの、ポリスのヒット曲 "Every Breath You Take"［邦題「見つめていたい」。直訳は「きみの一呼吸一呼吸を」］が思い浮かぶ。

毎秒毎秒、消費者はデータを吐き出しつづけている。そして、それらは収集され、照合され、分析される。

膨大な量が圧倒的スピードで吐き出されるデータ空間を想像するだけで、ぼう然としてしまう。企業は、そうした近未来を見据えて、データ戦略全体とテクノロジー・アーキテクチャ［各種テクノロジーを利用して構築、運用するITシステム］を再考する必要があるだろう。

どのデータが重要で、どれは無意味なのか？

企業はデータの収集に躍起になってばかりではいけないし、今日のデータを見て短絡的な判断を下し、明日の世界が予想もつかない方向に進む可能性を忘れてもいけない。

リアルタイム・データが手に入るというのは大変なメリットだが、あくまでもそれをリアルタイムで行動につなげられる場面においてだ。マーケターは、消費者の置かれた状況に応じて、リアルタイムに、さりげなく語りかければ、競争上はおおいに有利になるだろう。

したがって、私たちはマーケティング・テクノロジー、アーキテクチャ、プロセスによってデータをリアルタイムで取得し、実用的かつ正確な方法で集計して読み解く。個別の、あるいは全体的なインサイトを導きだし、それらのインサイトを施策へと結びつけ、最も適切なチャネルを通じて実行に移す。キャンペーン効果を測定し、そのあいだに得られた新しいデータを反映させ、分析と検証を行う。そして、それらを繰り返す必要がある。第5パラダイムにおいては、リアルタイムのキャンペーン企画と実施ができる能力はもちろんのこと、リアルタイムのデータ同化とリアルタイム分析は、どちらも絶対的に不可欠な作業となる。

データに囲まれる生活はこんな感じ

消費者の生活がいったいどのようになるのか、ある日の生活を具体的に描写してみよう。

朝、起床する。睡眠モニター装置、ウェアラブル端末、コネクテッドベッドかスマートフォン、あるいはそれらすべてが正確な起床時間を把握し、情報としてクラウドに上げる。各デバイスは、睡眠の質も記録している。次に洗面所へ行き、コネクテッド歯ブラシで歯を磨き（P&G提供。手が届きにくく十分に磨けていない箇所へ誘導したり、歯のエナメルが溶けかけている別の部分については磨く強さを抑えたりする）、コネクテッド体重計で体重を計り（ウィジングズ提供。体重が急激に落ちている場合は警告を発し、うっ血性心不全のおそれがあることを知らせる）、尿と便の分析用センサーとメカニズム付きスマートトイレを使い（フィリップス提供。ルーティンでチェックを行い、何かやっかいな問題を検知したら知らせる）、コネクテッドシャワーを浴び（コーラー提供。水の消費量と温度を測るので、よりよい節水法を提案し、極端な温度で血圧を一定レベルより下がらないようにする）、コネクテッド冷蔵庫から朝食を取り出す（サムスン提供。残り少なくなった食品は追加注文し、消費量にもとづいてカロリー計算も行う）。コネクテッドトースター、コネクテッド電子レンジ、コネクテッドコンロの使用データと、冷蔵庫から上がってきた情報がクロス集計され、消費された食品の種類と量、そして全体的な食習慣が検証された後、データはその人のヘルスアプリに直接送られる。

その後、仕事先へ向かうためにコネクテッド自律走行車へ乗り込む。車は、コーヒーを飲みに短時間、立ち寄れる店を、まるで魔法のように教えてくれる（スターバックス提供）。それは、いま走行中の道路沿いに店舗があることを車自身が知っているからだ。実際に、自律走行車とGPSトラッカーが以前収集した交通データにもとづいて店舗は特定される。店に着くと、スターバックスのシステムがその人の顔を認識して支払いのようなことはすべて知らないうちに済むので気にしなくてよい。

その後、目的地に着いて車を降り、オフィスまで歩く途中のビルボード［屋外広告看板］は、周辺の細かいデータ群を三角測量したうえで、目の前にいる人を特定する。そして、近隣の店で実施しているその日かぎり、その人かぎりの特別優待キャンペーンを掲出する（クアルコム提供）。そう、ビルボードは、特定の個人のためにカスタマイズした広告を掲出できるのだ。マーケターにとって、この媒体はタブレット端末やスマートフォンからアクセスできる通常のデジタルチャネルと何も変わらない。もう一つの、新しい、多目的スクリーンなのだ。


ただし、これらはすべて、マーケターの側に重大な責任を生じさせる。それは消費者のプライバシーを保護する責任だ。クリアリングハウス［金融商品取引における清算業務を専業とする法人。清算機関］が2019年に実施した調査によれば、消費者は一般的に自分に関する何のデータが集められているのかについての認識をもっていない。

たとえば、アプリや第三者機関が自分の銀行口座のユーザー名やパスワードを保存できるという事実を、80％の人が十分に認識していない。さらには、自分のデータがどのくらいの期間アクセス可能になっているのかを知らない。たとえば、金融系のアプリは、消費者自ら銀行口座のユーザー名とパスワードを無効にしないかぎりデータにアクセスできてしまうが、この事実を知る消費者はわずか21％にすぎない。[1]

主犯はアプリだ。ある大学コンソーシアムが実施した別の調査によれば、200にのぼる業者が、販売する携帯機器に使用者データの収集を可能にするソフトウェアを事前にインストールしていた。これらのアプリを通じて、マイク、カメラ、ロケーション情報にアクセスできてしまうのだが、ユーザーがそれについてあらかじめおうかがいを立てられることはない。つまり、消費者は自分のプライバシーが侵害されるおそれをまったく認識できないままなのだ。[2]

日の出から日没まで、それどころか睡眠時まで含めた、消費者のあらゆる側面に関するあらゆる細かいデータを収集しようとする世界。いまはまだそんな世界ではないかもしれないが、いずれそういう常軌を逸した時代がやってくる。まるで西部開拓時代のような、消費者の人物像を明らかにするためのデータという砂金を一粒単位でかき集めようとする行為は、本来すべて本人の許可を得たうえで行われるはずだ。

しかし、消費者は、多くのデバイスやサービスプロバイダーがアクセス可能なあらゆるデータを取得することに自分が同意しているという事実を認識していない。

通常、法的な隠れ蓑として、あるいは多少の反倫理的かつ搾取的な精神から、企業はウェブサイトやアプリその他へのアクセス権限を得る前に、消費者に対してネット上で膨大な分量の利用条件（terms and conditions）への同意を求める。

正直に言うが、「法律家かマニア以外で全文を読む人がいるなどと、誰が信じるというのか？」消費者は、素直で怠惰で他に取りうる選択肢がないから同意し、署名し、自分の権利を放棄しているというのに。これぞ『すばらしい新世界』〔オルダス・ハクスリーが１９３２年に著したディストピア小説〕かもしれないが、それではいけないのだ。

倫理の問題については、本書後半の倫理についての章でさらに論じる。

マーケターは、消費者のデジタル経路を追跡するセンサーその他のテクノロジーについて、その目的が明示されているかどうかに注意しなければならない。消費者がそうと知らずに個人データを提供し、それが企業から転売されていたというとんでもない事例も複数確認されている。

自分の唾液を容器に入れてＤＮＡ解析に出した人がいるとしよう。自分の家系について調べるためかもしれないし、自分に適した食事療法を提案してもらうためか、必要な薬を推奨してもらうためかもしれない。その人は、自分のＤＮＡをゲノム企業に提出したことは認識している。その際にオプトイン〔ユーザーが自らに関する情報を利用される際に許諾の意思を示す行為〕して許諾を与えたつもりでも、データが別の製薬企業に転売されるとまでは思っていないかもしれない。[3]

消費者の位置情報を利用したカスタマイズ広告の配信機能をもつアプリは多い。しかしそれらのアプリが、ヘッジファンドもそのデータを購入し、行動解析を行ったうえで販売量予測を立てることまで明確にしているわけではない。[4] ほとんどの場合、そうしたデータは匿名化されたうえで売られていることがわずかに救いではあるものの、それにしてもだ。

これらの、信じられないほど膨大な量のデータは、クラウド上に保存されるが、ストレージ費用はどんどん安くなっている。データ処理の費用もやはりどんどん値下がりしているので、マーケターはそれらのデータを照合し、整理し、リアルタイムで高速処理し、素晴らしく強力かつ実行可能なインサイトを導き出すことができる。

クッキーが使えない世界でマーケターはどうなる？

プライバシーは人権だと覚えておこう。

アップルのCEOであるティム・クックは、2018年に断固たるメッセージを発信した。彼は4つの重要なプライバシー権を挙げた。つまり、個人データを最小限にとどめる権利、自分に関するどのデータが収集されたのかをユーザー自身が知る権利、そのデータにアクセスする権利、データが安全に保護される権利だ。[5]

消費者がプライバシー保護に敏感になりつつあるなか、広告ビジネスにおいてもすでに大きな変化が起こりはじめている。2020年の初頭、グーグルは「2年か3年以内にクッキー［サイト閲覧履歴やパスワードなどのログイン情報をためたファイル］が自社ブラウザーへインストールされないようにする」と発表した。アップルもまさに同じ内容を、数カ月早く発表済みだった。

これは消費者にとって素晴らしいニュースだ。

そして、マーケターにとっては大問題だ（第5パラダイムへようこそ！）。クッキーがなければ、マーケターはどうやって消費者の行動を把握し、効果的にターゲティングできるというのだろう？　リターゲティング［ユーザーのウェブサイト訪問履歴をもとに、再訪を促すための広告を表示すること］はどうなる？　これまで、小売りを含む多くの業種が活用し、利益を得てきた手法だ。クッキーから遠ざかろうとするこれらの動きが、広告ビジネスを根底からひっくり返すことは間違いない。

私たちは、クッキーが存在しない未来、そして一方では消費者の利便性が損なわれず、プライバシーが守られる未来へ向けて進んでいける。確実な方法など存在しないが、いくつかの組織は問題を解決しようと動いている。そのソリューションの一つがデジタルＩＤだ。

消費者が、たとえばIdenTrustやGlobalSignといった認証局のコンソーシアムにデジタルＩＤの発行を要求し、付与される。消費者が許諾した場合、その人の好みにもとづいてＩＤがさまざまなオンラインとオフラインの行動にタグ付けされ、それによってＩＤプロファイルは補強され、あるいはクレンジング［データの正規化、高品質化］される。ＩＤそのものは高度に暗号化され、ＩＤと関連するデータは複数のセキュリティレベルで暗号化される。

たとえば、ある消費者のクレジットカード情報や、資産情報、健康情報などは、その人がどのニュースサイトを訪問したかという情報よりもずっと強固に暗号化される。そのためには、エコシステムのまったく新しい可視化、テクノロジーの蓄積、セキュリティのプロトコルを管理するプログラム、サービスプロバイダーとの安全な接続確保、といった作業が求められる。そして、IDの検証や認証を行う新ジャンルの組織が必要になる。

デジタルIDは、ブロックチェーン上のパーソナルブロックにも置けるのだろうか？

答えは「イエス」だ。実際に、アジアでは57の企業が参加してMyID Allianceというコンソーシアムが組織された。目的は、すべての認証情報と資産情報を個々のブロックチェーンに置くことにある。[6]

異なる形式で同様のソリューションを追求する例も出ている。たとえば、複数の企業が、自社サイトを訪問した消費者から得た第一者データを単体の「クリーン」ルームに供給する、といったことは可能だ。消費者がさまざまなソースのデータにタグ付けされれば、そこには将来のターゲティングに活用できる豊富なインサイトが生まれる。消費者のプライバシーが最大限に保護され、クッキーがブラウザーを通じて消費者を追跡することはなく、しかもデータ・コンソーシアムに参加している各マーケターやウェブメディアの業績につながるこの種の取り組みは、今後もさまざまに検討が進むだろう。

デジタルIDはまた、データ・オーナーシップの問題に新たな問いを投げかける。「消費者は、自分のデータへの全アクセス権を保有し、ひいては販売できるだろうか？」「あるいは、少なくとも自分のデータと引き換えに広告収入のいくらかを受け取れるだろうか？」

そうした動きは増えているようだ。消費者は、現在と同じように個人データや広告閲覧履歴との引き換えにアクセス権や情報を得るだけでなく、報酬も得られるようになるだろう。

最近の実例を見てみよう。Brave（ブレイブ）という新しいブラウザーは、登場から比較的短期間のうちに1000万人のユーザーを獲得した[7]。消費者のプライバシーを保護し、個人データと広告閲覧に対して報酬を与えることを約束したのだ。Braveのブラウザーは、広告を遮断するテクノロジーと、ブロックチェーンにもとづくデジタル広告プラットフォームとを組み合わせている。消費者が報酬のオプションを作動させると、プライバシーを尊重した広告を閲覧するたびに、マイレージサービスのようなトークンを入手できる。さらに、1時間あたりに見たい広告の数を設定できる。こういった動きはまだ始まったばかりだ。

一寸先はデータの闇

データは強力な通貨だ。「もしも政府が個人の全データを手に入れたら、いったいどうなるだろう?」「自立、自由、プライバシーの終焉だろうか?」「そのデータが、悪用する人たちの手に渡ったら、どうなるだろう?」「マーケターはどのように消費者を保護すべきだろうか?」「データ漏えいが発生したときには、信用機構による1年間の監視などというばかばかしくも不満の募る解決策を超えて、どうやって目的意識をもった行動がとれるだろうか?」

データの闇の側面が、ダークウェブ上に居心地のよすぎる場所を見つけてしまった。ダークウェブは、一般的なブラウザーを介しては見ることができない。アクセスするにはＴｏｒ（トーア）という別のブラウザーが必要だ。そこには、違法な物品やサービスが大量に掲載されている。不正な取引が横行する市場で、薬物、武器、あるいは他人のデータをハッキングし、恐喝するためのツールやサービスが並び、売られ、買われている。悪党どもは、メールや口座番号、認証情報、その他重要な情報を盗み取って、ダークウェブ上で販売している。個人の被害は計り知れない。与信限度額や融資枠が不正に取得される。自分の名前が不正行為に利用された人は、必死の思いで弁明を余儀なくされるはずだ。ｅメールや機密情報が恐喝に利用される。どう展開しても、恐ろしい事態が待ち受けている。

詐欺師たちは、個人の消費者のみならず企業までも脅している。２０１９年の終わりに、ノース・ロンドン出身の22歳、ケレム・アルバイラクが、自身の主張によれば保有するｉＣｌｏｕｄアカウントの大規模なデータベースを削除することと引き換えに７万５０００ドル分の暗号通貨か10万ドル分のｉＴｕｎｅｓギフトカードを渡すようアップルに要求した。彼は脅迫の罪で2年の懲役刑を受けた。[8]

しかし、いったいどれほどの消費者や小規模企業が、アップルほど豊富な資金や知見をもって、こうした事態に対抗できるだろうか？

こうした起こりうる破壊的行為に対して、きちんと保護されていなかったデータが奪い取られればどれほど重大な結果を招くのかを、マーケターはしっかり認識しておく必要がある。データ収集には、必ず保護責任が伴うのだ。

法律でデータは守られる？

いくつかの政府が、データ取り扱い方針の策定に乗り出している。欧州連合（EU）には一般データ保護規則（GDPR）がある。この種のプライバシー関連法では最初の本格的なものだ。

端的に言って、GDPRは二つの概念で成り立っている。一つはプライバシー・バイ・デザイン、もう一つは同意だ。プライバシー・バイ・デザインは、商品をつくり、ウェブサイトを構築するすべての事業者が採用すべき取り組みの名称であり、データ収集量の最少化と、データ処理の全段階で安全対策を講じることを求めている。そして同意とは、データ処理の許諾をユーザーに求めることだ。企業は、自社が行っているデータ収集について、明確かつ簡潔な言葉で説明しなければならず、それに対してユーザーが明白に同意の意思を示していなければならない。[9]

原理的には、GDPRは素晴らしい政策だし、疑問の余地はない。[10] 一人の消費者としての私には、自分に関する何のデータが収集されるのかを知る権利があるし、第三者が自分の情報を収集することを許諾する権利、第三者から自分の存在を消してもらう権利、自分のデータが望まないすべての場所から削除される権利も当然あるべきだ。

同様の原則にもとづいて、カリフォルニア州では2020年初頭にカリフォルニア州消費者プライバシー法（CCPA）が施行された。世界じゅうで同様の規定を採択する動きが出ている。今後、この領域で法律の制定と施行はさらに進むだろう。

企業は、政策立案者と緊密に連携をとりながら、人々のデータ権を保護するための法整備を進めるべきであり、同じく、その内容は企業として順守できる実用的な内容にすべきである。私たちには悪者を見つけ出すための方策が必要だ。それがなければ、前記のエコシステム全体が崩れてしまう。そして、プライバシー基準違反に対しては、その違反者が国内にいようが、国外にいようが関係なく罰則を設けるべきだ。

さらに、政府によるデータの乱用を許さないことも重要だ。アメリカ政府がアップルに対して、通話記録に侵入するための裏口（バックドア）を設けるよう求めた話はよく知られている。政府側に悪意はなく、テロを引き起こす可能性があった者たちの会話を探知し、テロを未然に防ごうとしていたという。その意図は誠実なものだ。しかし、こういった裏口開放は、ティム・クックが正しく言い当てたように、あらゆる種類のハッカーに対して扉を開くことになり、全利用者にかかわるエコシステムの安全性を崩壊させることにつながりかねない。

では、どこで線を引けばよいのだろうか？

これは本当に複雑な問題であり、解決策もすぐには見つからない。

データの民主化でマーケティングもオープンに

もう一つ、賛否が分かれる興味深い政策分野がある。「データの民主化」だ。

ここに大変強力なシナリオがある。欧州連合で、政策立案者たちがある決定を行った。金融機関同士の競争環境を平準化し、同時にイノベーションを推進するための方法として、銀行が消費者から許諾を得たうえで、自行の消費者データをフィンテックその他の企業に開示しなければならない、という内容だ。ここでの前提は、消費者の取引に関するデータは本来消費者自身に属し、彼らは銀行に対して自分の情報を開示請求できる、というものだった。

これが、金融やフィンテックの風景を一変させるオープンバンキングの基本コンセプト誕生につながった。

バークレイズでリテール・バンキング部門とペイメント部門のCEOを務めるアショク・バスワニは、このことをうまく言い表している。「様子は大きく変化している。ゲームのルールは変わったのだ。誰もが、市場参入戦略を見直さなければならない。以前なら『私たちの支店、電話、ウェブサイト、アプリなどを利用してください』と顧客に求めていた。それがついに私たち側から、居場所に関係なく顧客を訪ねられるようになった。古いやり方が、高精度でピンポイントの戦い方に道を譲ったのだ。企業もマーケターも、戦略、人材、機能、スキルセットなど、あらゆるものを再考しなければならない」。

金融業界と同じように、オープンバンキングのコンセプトはマーケティングにも、いわば「オープンマーケティング」として適用できるだろうか？

たとえば、アマゾン、グーグル、フェイスブックその他の企業が、自社で保有する消費者の取引、投稿、検索などに関するデータを、他の企業と共有しなければならない、ということだ。それによって少数の巨大デジタル企業による寡占市場が平準化し、他社も含めた有効な競争が可能になる。それが大規模なものか、エコシステムの一部分にとどまるかはわからないが、確実に何らかの動きは起こるだろう。

それこそ、クオンタム・マーケティングを特徴づけるエキサイティングで新しい側面なのだ。

第4章のまとめ

→主導権を握れ　これほど膨大な量の消費者データを日々扱えるプロフェッショナル集団は、マーケター以外にいない。そして、データ・エコシステムの大半はマーケティング費からその資金を得ている。したがって、マーケターは自ら前線に立ち、司令塔になり、つねに進化を促す存在であるべきだ。部屋の隅に座ったまま、別の誰かに未来を決めさせるようではいけない。

→自ら学べ　マーケターは、自分がかかわるバリューチェーン全体について、最新の政策や規制を把握している必要がある。データはどのように収集され、リアルタイムで整理、分析されるのかを、ＡＩによる支援がある場合とない場合のいずれについても理解している必要がある。マーケターは、一晩でデータのエキスパートにならなくてもよいが、少なくとも適切な質問を投げかけ、答えを適正に咀嚼(そしゃく)できる程度には自ら学ぶべきだ。

→社内外で適正な協力関係を築け　社内でデータインフラストラクチャーやプロセスを管理するＩＴ部門の同僚と、あるいは法務部門の同僚と、緊密な協力関係を築いて、この複雑なエコシステムを堅実に、安全に動かそう。マーケターの説明責任(アカウンタビリティ)は、社内で消費者データを保護することにとどまらない。自分たちの代わりに外部の業者が収集し、分析し、活用しているデータにもその範囲は及ぶ。マーケターは、消費者のデータをあらゆる攻撃、不正、漏えいから保護するために必要な資金があるかどうかを把握していなければならない。自社の代わりにデータを扱うエージェンシーに関しても同様だ。

↓でたらめ業者に注意　ヘミングウェイは、作家にとって最も重要なのは「でたらめ（ブルシット）探知機」を内蔵しておくことだと言った。データについても同様だ。有象無象の業者が交渉の場に現れては、「わが社のソリューションにはＡＩが備わっています」などと言う。その業者に、「説明を単純化してほしい」と要求しよう。雑音とシグナルを聞き分けよう。高度な専門知識をもっていないマーケターは、専門家に同席してもらうべきだ。

↓専門用語に惑わされるな　プレディクティブ・コーディング、トランスフォーマティブ・シナジー、アンタップド・バーティカル、ディープ・ニューラル・ネットワーク……、勘弁してくれ。マーケターなら、専門用語をこねくり回す者ではなく、データを理解し、わかりやすい言葉で語れるメンバーをチームに置くことだ。他のメンバーたちもみな喜ぶだろう。

↓データを熟知したメンバーをチームに置くべし　マーケティングチームがデータサイエンティストを抱えてはいけないルールはない。ＡＩ関連の専門家、あるいはテクノロジーの経験者を入れてはいけないルールもない。データを深く学んだメンバーを入れよう。

→プライバシー・バイ・デザイン基準に従え　この言葉は、ＧＤＰＲの浸透が進むにつれてよく聞かれるようになった。企業は、あらゆるプロジェクトの企画時点で、関係するデータ処理の全行程にわたってデータのプライバシー保護を考慮することが義務付けられる、という意味だ。[10]このやり方にならいつつ基本原則を採り入れよう。

マーケターのみなさん、後で必ず自分に感謝するはずだ！

→データを守れ　世界じゅうで、多数のハッカーがあらゆるデータベースへの侵入をつねに試みているいま、これは重大な問題の一つだ。広くとらえればサイバーセキュリティ、より具体的には情報セキュリティは、あらゆる組織とあらゆるマーケターにとって最優先課題の一つと心得てほしい。

→業界の最新事情を把握すべし　私は、毎週少なくとも6時間を業界の最新事情の勉強に充てている。肝心なのは、「変化には意味がある」ということだ。知らないままにしておいてはいけない。最新の動向をつかんでおくこと。これは費やす価値のある時間で、その努力は必ず報われる。

→数値化、数値化、数値化　どれほど先進的なＡＩプログラムをもっていたとしても、マーケティング活動を念入りに計測しないかぎり、マーケティングが自社の販売量に、収益全体に、そして事業全体にどの程度役立ったのかを、会社は理解できない。マーケティングを定性的な議論や、あるいはもっと悪い場合ではマーケティング専門用語を多用して守ろうとしても、無駄に終わるだろう。言葉ではなく、信頼に足る数字を用意しておこう。

↓データが創造性を覆い隠してはならない 私たちが取り組んでいるのはブランドであり、事業であり、競争の場だ。テクノロジーとデータは絶対的な優先事項だが、そのために創造性や直感や判断力を覆い隠してはならない。何より二つのことを考えてほしい。

一つ目、自分に厳しい質問をぶつけよう。マーケターはまず、「他者がデータをどう使ってほしい」と思うかを、自らに問うてみるべきだ。それからマーケターの自分に戻って、規制は尊重しつつもその原則に従おう。データの活用方法についてしっくりこなければ、何かが違っているということだ。

二つ目に、攻めの姿勢をもとう。データは、私たちマーケターが消費者にとって正しいことをするための、そして最も効果的かつ相手に合った方法で活動するための力を与えてくれる。そして、何よりうれしいことに、マーケターの仕事は消費者にとって意味がある。マーケターは、データの傍観者にとどまっていてはいけない。

第5章

ＡＩ
～クオンタム・マーケティング最大の破壊力～

マリオ・クリンゲマンは、少なくとも、サザビーズの美術品ウェブサイトにおいては自らを「懐疑論者」と評する。美術作品1点につき4万ドルの値がつく彼のそんな言葉を、にわかには信じがたい。彼の作品は、レンブラント、フェルメール、ステーンといったオランダの巨匠たちと比較されてきたし、その「作品に通ずる美的原則」は評価されてきた。

クリンゲマンは画家（ペインター）ではない。そして美術の世界における彼の成功は、絵筆ではなくアルゴリズムによるものだ。クリンゲマンはまさに巨匠である。人工知能（ＡＩ）の巨匠なのだ。[1]

そして、彼のような物語はしばしば見受けられる。スコット・イートンは、ＡＩのアルゴリズムを使って、まるで生きているかのような人の手足を彫刻する。[2] レフィーク・アナドールは、膨大なデータセット（たとえば世界各地の気温）にもとづく驚異的な美術作品や彫刻作品を生み出す。[3]

「ＡＩ」と、「ＡＩが世界のあらゆるものをどう変えてしまうのか」については、さまざまな内容が語られ、書かれている。そのなかには巧妙なウソもあれば、単なる雑音もある。そして、驚愕の事実もある。しかし、ＡＩをひもとく前に、本書の中心的なコンセプトをあらためて振り返っておこう。

クオンタムは、本書の主旨に照らして二つの意味をもっている。一つ目は、過去のモデルから将来の現実は説明できない、という意味。二つ目は、クオンタム・マーケティングのスピード、スケール、インパクトがこれまでにないほど大きい、という意味。

新しいパラダイムにおいて、人工知能ほどこのコンセプトに当てはまるものはない。

第5パラダイムで、ＡＩは圧倒的な破壊力を発揮するだろう。しかし、まずはデータの観点から、5つのパラダイムをひととおり見直しておくことも大切だ。今日私たちが知っているデータは、最初の二つのパラダイムではさほど強いマーケティングの推進力ではなかった。

第3パラダイムでインターネットが爆発的に普及すると、消費者の行動データが急増し、広く入手できるようになった。それまではマニアの領域でしか利用されなかったデータ解析が、マーケティングにも取り入れられるようになった。データアナリティクスという新しい科学が、正確なターゲティングからＲＯＩ計算にいたるまで、あるいはその中間にあるすべてについて、さまざまなかたちでマーケターの役に立つようになった。おかげでマーケティングは新次元の科学になった。

第4パラダイムでは、モバイル機器が偏在し、互いにつながり合っている。さらにSNSのプラットフォームが登場すると、あらゆるマーケティングのモデルが根底から覆(くつがえ)され、マーケティング手法も抜本的な再考を余儀なくされた。ソーシャル・マーケティング、インフルエンサー・マーケティング、ロケーションベース・マーケティングなどが始まり、マーケティングが変わると、以前のものに戻ることはなくなった。

この第4パラダイムでは、データが驚異的な規模で量産された。データ処理やデータアナリティクスの機能が高度に民主化された。つまり、たとえ小規模の企業であってもデータの力を有効活用し、デバイスごとのターゲティング戦略を立てて、効果を測定し、アプローチを精緻化できる、ということだ。少し前までなら、それらを一括して実行できる規模と資金力をもつのは一流かつ大手企業にかぎられていたが、いまでは小企業が彼らと渡り合い、あるいは上回ることもできる。規模も資金力も必須要件ではなくなった。マーケティング担当者にとって、これ以上の朗報があるだろうか。

AIの世界へ、足を踏み入れよう。これは第5パラダイムの完璧な事例と言える。シンプルなコンセプト(消費者データ)を、予想も予見もできなかった領域へと導くからだ。第5パラダイムでのAIとは、いわばデータの大型ハドロン衝突型加速器だ。制御された爆発を生じさせて、過激な成果を生み出す。

何人かのマーケターがこう言うのを聞いたことがある。

「なぜＡＩを理解しなければならないのだ？　私が発電の方法や電気の機能まで知る必要はない。スイッチを押せば電球が光る、と覚えておくだけで十分ではないか」。

実は、優れたマーケターこそが学ぶべきなのだ。単に門外漢が電気のスイッチを入れるというだけではない。ＡＩこそ、マーケティングのあらゆる側面でゲームチェンジャーとなるだろう。もしも彼らがＡＩの機能やその成果を理解していなければ、チャンスを逃してしまう。

マーケターがＡＩに取って代わられることはない。しかし、ＡＩに抵抗する人は、その威力を理解している人に取って代わられる。マーケターならマーケティング文脈における最新のＡＩ進化度を理解しておくことが重要だ。

伝説的デザイナーのチャールズ・イームズが、これを鮮やかに言い当てている。

「理解を他人に委ねてはならない」と。

「私たちのソリューションにはＡＩが使われています」とうたう企業が続々現れている。マーケターは、「何を信じ、何を疑うべきか」を知っている必要がある。少なくとも、そこで話されている内容を理解し、それが事実に即しているかあるいは有益かどうかを見定め、採用の可否を判断できる程度の知識は備えておくべきだろう。同様に、マーケターはチームのメンバーにもＡＩを学び、最新事情に通じているよう求める必要がある。

ＡＩとは何か？

人工知能とは、人間と同等かそれ以上の力で思考できるようプログラミングを施されたマシンがもつ能力だ。そのなかには、各種の認知形態、推論、判断、意思決定といったものが含まれる。人工知能は特化型人工知能、汎用人工知能、人工超知能の3つの種類に分けられる。

特化型人工知能とは、単一の領域、たとえば画像認識に絞ったマシンの能力だ。マシンにできることは一つだけであり、それ以外はできない。画像は認識しても、たとえば音声は認識できない。

一方、汎用人工知能は、より多様で幅広い能力をもつ。人間のように、考え、複数のことを行う。音声や画像を認識し、判断し、詩を書き、そしてそう、広告をつくる。

人工超知能は、名前が示すとおり、マシンが人間のような思考力をもつが、人間のそれをはるかに凌駕（りょうが）している。より深く学び、より深く考え、すべての領域で人間のパフォーマンスを超える。さらに、マシンはそれらすべてを自立的に行い、そこに人間は介在しない。

この分野における何人もの代表的な知識人が、「汎用人工知能と人工超知能はいまだに遠い願望にすぎず、実現までには数十年を要するだろう」と述べている。

とはいえ、ＡＩというと通常思い浮かぶ特化型人工知能はすでに存在していて、日々猛烈なペースで勢いを増している。本章ではこれに注目していく。

最近、気軽に使われるようになった二つの言葉について、わかりやすく説明しよう。

マシンラーニング　伝統的なコンピュータープログラミングにおいて、コンピューターは「まず何をするか、次に何をするか、そして次は……」といった具合に、明確かつ段階的な指示を与えられていた。段階ごとに、マシンが単純に従うべき指示がコード化されていた。しかし、マシンラーニングは、マシンやコンピューター（すなわちマシンのアルゴリズム）自身が、それ以前のデータや事例を自ら学ぶことによって課題をこなすようにプログラムされている。

たとえば、マシンに犬を識別するよう教え込むとする。犬の写真を見せて、マシンがそれを犬だと認識する。それを幾度も繰り返す。犬がいない写真も見せるが、マシンが木の画像を犬と認識した場合は、違うと教える。そうすることで、マシンはそれが犬の写真ではないと学習する。時間をかけて、数かぎりない犬の写真を見せられたマシンは、どれが犬で、どれが犬ではないのか正確に識別できるようになる。私にしてみれば、これは赤ちゃんに犬を覚えさせるのとほぼ同じ作業だ。私たちは、あらゆるものをマシンに見せて、それが識別できるように教え込むことができる。

マシンはさらに、個体の識別までできるほど進化してきた。顔認証は、それらすべての応用事例だ。とはいえ、これは画像認識に特化して教え込まれたマシンであって、それ以外のことはできない。別のタスクをこなすためには、別のマシンが必要になる。

ディープラーニング　私は、ディープラーニングは強化されたマシンラーニングだと考えている。ディープラーニングでは、マシンにニューラルネットワークと呼ばれる階層が複数あり、データはここへ送られ、マシンラーニングとは異なる処理が施される。ディープラーニングは、言語認識、パターン認識、画像認識などの領域で非常に役に立つ。また、きわめて高いレベルの正確性と速さを備えている。

さて、ＡＩの何が素晴らしいかと言えば、定型的な問題の扱い方だ。たとえば、2足す2は4。それが正答だ。既存のアルゴリズムで簡単にたどり着く。しかし、人工知能は入力値と答えを見て、方程式を導き出す。今日の典型的なアルゴリズムでは、コンピューターは入力値と数学的方程式を与えられれば、即座に出力値をはじき出す。ＡＩでは、入力値と出力値を与えられたコンピューターは数学的方程式を算定する。

つまり、ひとたびその方程式にたどり着けば、新しいデータが示されたときに出力値をとても正確に予測する。それによって、インサイトへたどり着くためのまったく新しい、しかも強力な道が開けるのだ。

マーケティング業界では、「ＡＩがマーケティングの全工程を豊かにする」という言い方をする。これまで不可能だった深いレベルの理解が可能になる、ということだ。

たとえば、AI以前、私たちは相関分析や原因分析を行っていた。どのプロモーションを実施すれば、どのくらい割引すれば、その他の何をどうすればコンバージョンを最大化できるか知るためだ。古典的なマーケティングでは、そのための手法として調査、テストマーケティング、要因分析、過去のキャンペーンやプロモーションの反応測定などが用いられた。そこから実行可能なインサイト、あるいはプロモーションの適正な種類や規模を導き出した。より最近では、これらの他にA／Bテストや迅速な分析も加えて、どれが機能するのか、しないのかを判断していった。

しかし、通常これらは一定の層（共通する特性をもった消費者たち）、あるいは総体のレベルで行われる。たとえば、ある企業は10％、20％、30％といった複数の値引き率を設定して、どれが最も有益か、テストを通じて調べようとする。各値引き率に対する売り上げの増分は総体として把握でき、単純な費用対効果が分析できる。仮に20％の値引きで売り上げが8％増え、30％の値引きで売り上げが10％増えたのなら、20％値引きのほうが経済効果は高いと結論づけられる。これを繰り返すことで、会社は最適な値引き率にたどり着けるわけだ。

ただし、忘れてはならないのは、ここでたどり着いた最適値は、ある層においてのものであり、その層に含まれる個々人のものではない、ということだ。

たとえば、私は20％の値引きで最も反応があったとマーケターが判断した集団に属しているとする。しかし、私個人は10％の値引きに対して前向きに反応していたので、企業にしてみれば私に余分な値引きを行ったと言える。

一方で、ＡＩを使えば、企業は私の過去の行動、その商品カテゴリーにおいての現在の購買習性、その他カテゴリーでの行動などを分析できる。そうすることによって、私の値引き、あるいは値引き率への考え方を知る手がかりが得られるのだ。こうした分析はリアルタイムで実施されるので、企業は私という個人に特化した、私にとってよいオファー、企業にとっても素晴らしいオファーを提示できる。

ＡＩを使えば、膨大な数のデータベース、驚異的な量のデータにわたるパターンや関係性を把握できる。これは従来のデータ分析ではほぼ不可能なことだ。


第5パラダイムに入り、データはかつてないほどの、そして予測不能なペースで生成され、収集されている。これを推進する主な要素の一つがセンサーだ。センサーは、絶え間なくデータを集めては吐き出し、今日生成されたものすべてに新たな意味を見いだす。

センサーは、クオンタム・マーケティングを実現するうえで重要な装置なのだ。

第5パラダイムでは、腕時計から靴、車、ゴルフクラブ、サーモスタットにいたるまで、あらゆる物にセンサーが付いている。それらのセンサーは、秒単位でデータを集めている。すべてのデータは、ＡＩのマシンに注ぎ込まれる。データの大宇宙と化したマシンから、驚異的なパターンやインサイトがはじき出される。

マーケターは、それらのインサイト群に接続し、それにもとづいてリアルタイムで行動すれば、成果を挙げられる。消費者の日常生活における最適なタイミングに、その個人に特化した商品、サービス、プロモーション、メッセージを、相手の状況に応じたやり方で届けられるのだ。

企業は、一つのＯＴＭ（販売機会）から次のＯＴＭへと切れ目なく、しかも相手に負担をかけず、不快な気持ちを起こさせずに進められる。

ＡＩはマーケティングのあらゆる領域に影響を与えるだろう。ここまで、そのうちのいくつかについて見てきた。一つはインサイト。もう一つは高度にパーソナライズされ、相手の状況に応じたやり方ができるキャンペーンだ。

では、その他いくつかの領域についても見ていこう。

■ チャットボット

ＡＩを装備したチャットボットは、ますます人間らしさを増している。その結果として、ブランドと消費者との絆は強固なものとなり、経済効果も大きくなる。

たとえば、ＡＩを装備した企業は２０２２年に最大80億ドルの年間経費節減が可能になる。[4] 人件費と関連費用を減らせるからだ。クオンタム・マーケティングでは、チャットボットへのＡＩ装備が企業にとってあたりまえになるだろう。

■ バーチャルアシスタント

チャットボットが企業のデータベースのみを参照して応対する一方で、バーチャルアシスタントは、インターネットなどの外部データも含む、かなり幅広い参照先をもつ。

バーチャルアシスタントには、より高次のＡＩが装備されている。アマゾンのアレクサ、グーグルホーム、アップルのＳｉｒｉ（シリ）などは、いずれも非常によく知られたバーチャルアシスタントだ。

クオンタム・マーケティングの世界では、ハードウェアやデバイスをもたないブランドまで含めて、バーチャルアシスタントの存在が一般的になっていく。

このごろは、業種を超えて多くの企業が、人間による既存コンシェルジュサービスの補完や代替を目的としたバーチャルアシスタントの導入を進めている。第5パラダイムではバーチャルアシスタントが急増し、そのクオリティは格段に向上し、マーケティングにとって不可欠なチャネルとなる。今後、バーチャルアシスタントはヘルスケア、教育、行政などの新たな領域にも本格的に進出するだろう。

■ 検索

グーグルや同種のサイトでは検索エンジンにＡＩが導入されている。ＡＩの知能は日々高まり、それにつれて検索結果は消費者の求めるものに近づき、役立つ内容へと進化していく。ほとんどのブランドにとって、検索結果に表示されることは、生き残るための鍵となる。

マーケターは、自社のＳＥＯ［検索エンジン最適化。検索サイトのランキング上位に表示されるようページの記述やサイトの設計に改善を施すこと］アルゴリズムを、賢くなりつづける検索プロセスに対応させていく必要がある。

■ ターゲティングとパーソナライゼーション

ＡＩは予測のアルゴリズムが算出できるので、企業が獲得したい人たちを正確にターゲティングできる。そればかりでなく、特定の見込み客に対して最も適切な種類の提案やメッセージを構築する際にも役立つ。

■ メディアバイイング（媒体の広告枠買い付け）

メディアバイイングの現場へのＡＩ導入も進んでいる。メディアの選択肢がますます増えているなかで、ウェアラブル端末、ＩｏＴ、スマートスピーカーなどの登場により、メディアバイイングの複雑さは急激に増している。

ＡＩは、今後エコシステムを回していくための唯一のプレーヤーになるとは言えないまでも、中心的な役割を担うことになる。すでに、多くのメディアエージェンシーが、その伝統的な役割を侵食されつつある。この傾向は加速し、新しい役割が出現する。それが新しいプロセス、新しい動きへとつながっていくだろう。

■コンテンツ・クリエイション

現在すでに「過剰」と言える量のコンテンツが存在し、その多くは偽物(フェイク)だ。たとえば、あるビデオでは、オバマ大統領がこれまで発言したはずのないことを話している。しかも、映像が驚くほどリアルなのだ。同様に、この世に存在しない人たちの写真がつくられることもある。どれもピクセル単位でつくられていて、やはり非常にリアルだ。ThisPersonDoesNotExist.comというウェブサイトを見てほしい。ＡＩは、こうしたフェイクコンテンツの問題をおおいに深刻化させてしまう。ＡＩテクノロジーを使えば、いわゆるディープフェイクはいとも簡単につくり出せてしまうからだ。インターネット上にはディープフェイクの力を見せつけるかのような例がいくらでも転がっている。

リアルコンテンツもフェイクコンテンツも爆発的に増加し、それぞれの賞味期間がますます短くなっている現在、マーケターは自分たちのつくるコンテンツが本物であることをどう証明し、しかも多数のコンテンツ群に埋もれさせず、そこから際立たせるにはどうすべきなのか、真剣に考える必要がある。人々のオンライン視聴行動を観察してみてわかるのは、消費者にとって適切かつ説得力のあるコンテンツは、「リアルタイムでつくる必要がある」ということだ。そうしたコンテンツづくりにもＡＩは役立つだろう。

広告もコンテンツだ。広告はＡＩで制作できるだろうか？

肯定派と否定派の双方に断固たる信者はいる。汎用人工知能を使えば実現は可能だが、それにはまだ何十年もかかるだろう。しかし、現在のＡＩの実力でも、静止画バナー広告の制作は、すでに自立的に行われている。私は、今後数年間で、オリジナルの創作ではなくとも、既存データをクリエイティブに編集した広告作品は増えると見ている。編集によって説得力をもたせれば、オリジナル作品のような印象もつくれるだろう。

２０１６年のカンヌ・ライオンズ国際クリエイティビティ・フェスティバルで、私はＡＩの実演を見た。そこではまず、ＡＩのエンジンにレンブラントの全作品を覚え込ませた。ＡＩはレンブラントの描き方、たとえば絵筆を走らせる方向や一筆の長さ、角度、といった情報を正確に学んでいく。16万８２６３もの絵画の断片要素を学習させたＡＩに特定のテーマを与えたところ、１億４８００万ピクセルで構成されたまったく新しいレンブラント作品が誕生したのだ！　あまりにも本物のレンブラント作品らしく仕上がっていたことに、多くの専門家は驚きを隠せなかった。この実演を行った大手エージェンシーのＪＷＴアムステルダムは、サイバー部門とクリエイティブデータ部門で二つのグランプリを受賞した。[5]

そして、そのわずか2年後には、同様の機能をもつアプリが登場した。写真をアップロードすると、アプリが瞬時にさまざまな古典、あるいは現代画家の、異なるスタイルで描かれた作品へと変換するのだ。ＡＩはそれほど急速に私たちの身近な存在になっている。

ＡＩはまた、さまざまなジャーナリストやライターが書いた文章とほぼ同じスタイルで記事を執筆している。ある書き手の作品群を覚え込み、その後にテーマを与えられると、インターネットで関連するコンテンツを調べ、ほんの数秒で書き上げるのだ。内容はほぼ意味が通っており、しかも文章のスタイルは本物そっくりだ。

ＡＩは作曲も始めた。作曲（compose）よりは編集（compile）と言ったほうがふさわしいかもしれない。ＡＩエンジンは、ついにレコードレーベルと契約まで交わした。２０１９年に、ワーナーミュージックグループが、スタートアップ企業のエンデルがつくったＡＩアルゴリズムとの契約書にサインした。しかも、その契約は20枚のアルバムを製作するという内容だった[6]！

■ ＲＯＩ計算

ＲＯＩ［投資利益率］を計算し、それをマーケティング活動に正しく反映させることは、ほとんどのマーケターにとって難題だった。ＡＩを実装したソフトウェアのなかには、キャンペーンやプロモーションの実施前にＲＯＩが推計できるものもある。もしもマーケターたちがＡＩを正しく認識し、活用すれば、推計用にも実施後の計算用にも使える、よりよいＲＯＩ計算方式が開発されることだろう。

導入はオープンソースからでもＯＫ

ＡＩを導入し、活用する企業が、大手にかぎられる必要はない。たとえば、ＡＩ以前のデータアナリティクスのような領域は、高度に民主化されている。企業は小規模の活用から始めて、たとえばグーグルのTensorFlow（テンソルフロー）やアマゾンのSageMaker（セージメーカー）といったオープンソースのＡＩソリューションを使うといいだろう。また、グーグルのVision APIやSpeech APIなど市販のＡＩソリューションも活用できる。企業が自らそうした基礎的な、あるいは基盤的な機能を開発する必要はない。マーケターもまた、多額の投資を行う必要はなく、「その都度払い」を選択していくだけのことだ。

上限があるとすれば、マーケター自身の決意や想像力だけだろう。

第5章のまとめ

↓ＡＩほどマーケティングの中身を大きく変えてしまうものはない。消費者について深く学ぶことから、徹底的なパーソナライゼーションの実現、臨機応変なプログラムの最適化にいたるまで、ＡＩはマーケティングの効果と効率を飛躍的に高めるだろう。

↓マーケターは、時代遅れになりたくなければ、ＡＩに通じていなければならない。もっと言えば、ＡＩについて学び、しっかりと理解する必要がある。

↓マーケターは、たったいまからＡＩの世界へ足を踏み入れるべきだ。小規模プロジェクトに低価格のパイロット版を導入するところから始めるといいだろう。

↓マーケターは既製品のＡＩソリューションを使うとよい。アマゾンやグーグルといった大手企業からも、多くのスタートアップ企業からも、多数販売されている。

↓ＣＭＯは、チームメンバーに、将来にわたって必須のスキルであるＡＩを学ばせるべきだ。ＣＭＯはまた、チームに必要な各種の役割を見直したうえで、適正な人材を配属し、課題に当たらせるべきだ。

↓マーケターは、自身がＡＩの専門家になる必要はない。しかし、ＡＩの活用方法は知っておくべきだ。幹部向けのオンライン教育プログラムが、たとえばハーバード大学、マサチューセッツ工科大学（ＭＩＴ）、カリフォルニア大学バークレー校などに設置されている。

↓こうしたＡＩ活用プロセスにおいて、企業のＩＴ部門が果たすべき役割は大きい。企業として成功を勝ち取るために、マーケターは必ずＩＴ部門の同僚たちと連携を築くべきだ。

第6章

テクノロジーのビッグバン
～新マーケティング手法誕生のきっかけ～

ＡＩによって、マーケターが受け取るデータインサイトが爆発的に増えているいまこそ、新たな課題と新たな機会を伴って次々出現する新テクノロジーに備えよう。私たちの社会は、進化の岐路に立っている。驚異的な規模でテクノロジーの開発と展開が進み、第４パラダイムは解体されつつある。

未来へ向けて力強く一歩を踏み出す前に、第４パラダイムで世界を変革した３つの重要な進展についておさらいしておこう。

1．データの記憶容量と処理能力が大幅に増大し、同時にコストは劇的に下がった。これによって、膨大な計算能力が各種のデバイスに収まるようになった。

2．ユーザーエクスペリエンスの設計も飛躍的な進歩（クオンタム・リープ）を遂げ、そのおかげで幼い赤ちゃんや高齢の人たちまでもが、ほとんど訓練を受けずにデバイスを使えるほど、とてもシンプルになった。たとえば、ユーチューブの映像には、まだ言葉を話したり歩いたりする前の赤ちゃんが上手にタブレットを使う様子が映っている。

ムーアの法則が仮定したように、半導体回路の情報処理能力と記憶容量は2年ごとに倍増を繰り返していて、しかも同じ期間で製造コストは半減している。そしてこの法則は現在も続いている。

結果どうなったか?

携帯用のスマートデバイスは、アポロ11号よりも計算能力が高く、あらゆる場所でインターネットに接続できる一方で、そのサイズは片手に収まるほど小さくなり、世界じゅうの多くの消費者が購入できるほど安くなった。

3. こうした接続のしやすさから、SNSプラットフォームが世界を席巻し、個人間のデジタル交流が新たな次元へと移った。私たちは、何十年も前のクラスメイトを見つけ、つながるようになった。両親や祖父母が子どもや孫とつながり、その様子を確認できるようになった。人は、画像、言葉、絵文字を通じて、率直に、そして少しだけ不安に思いながら、自分の気持ちを発信するようになった。誰かが何気なくネタにしたブランド名は拡散され、あるいはSNSに投稿された一つのコメントがブランドのイメージを構築も破壊もするようになった。

これらすべての結果として、マーケティングの仕事は、「大勢のなかから抜け出し、消費者と絆を結び、対話し、ブランド選好に影響を与えるための新たな方策を考えること」になっていった。マーケティングは完全に変わった。現在ではメディア予算総額の40％から50％以上が、今世紀の初めには存在すらしていなかったチャネルに投じられているほどだ。

さて、第2章で少し触れたように、第5パラダイムでは、これまでと比べてはるかに劇的で爆発的なことが起こる。

図4で示すとおり、数々の魅力あふれるテクノロジーが出現している。

前章で説明した人工知能、マシンラーニング、ディープラーニング以外にも、次のように数多くのテクノロジーが登場している。

5G

5Gすなわち第5世代移動通信システムの、何がそれほどすごいのか？　すべてだ。

↓とにかく高速だ。４Gと比較しておそらく50倍から１００倍は速いだろう。通信速度は、最大１００ギガビット／秒になる。簡単に言えば、これは標準的なＤＶＤに収められている映画1本を４秒未満でダウンロードできる、という意味だ。

図４

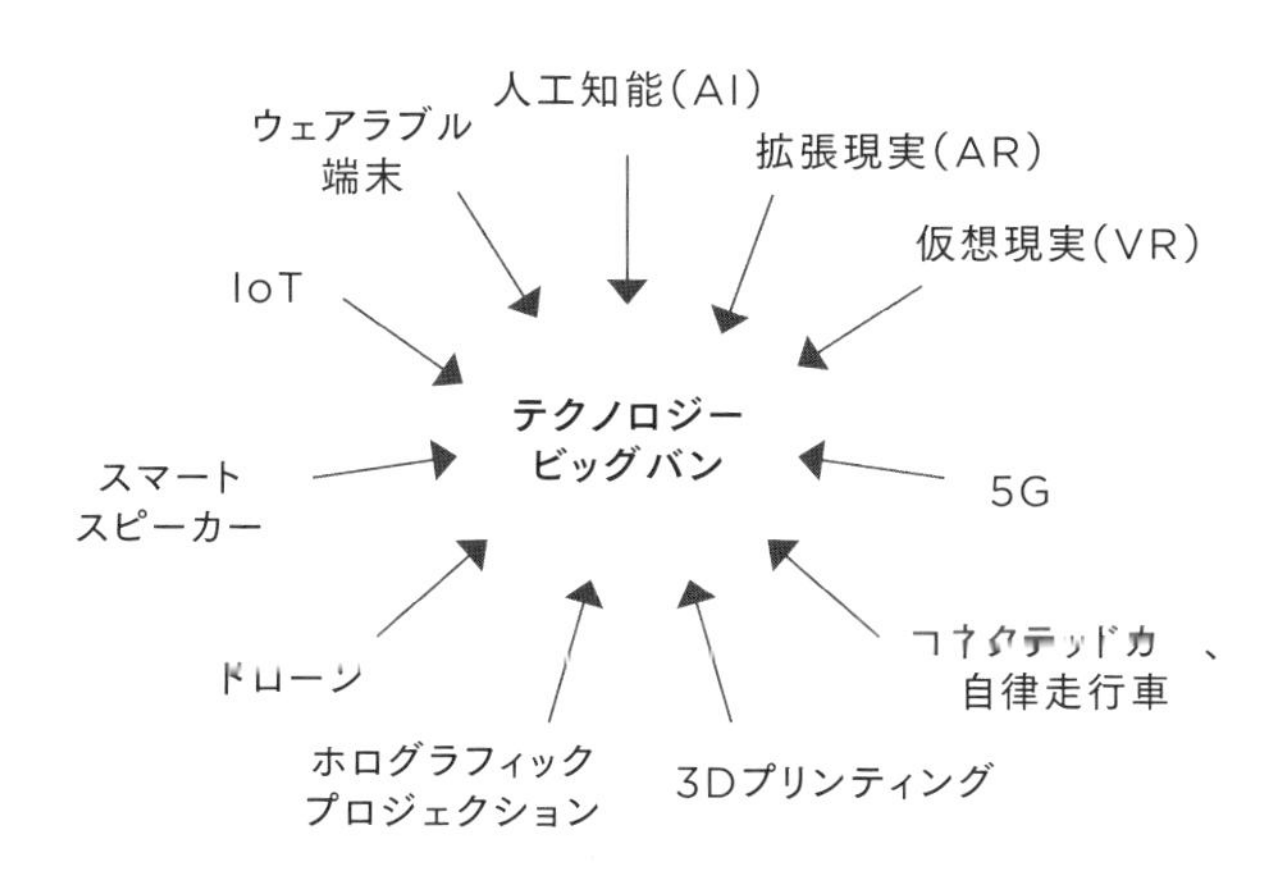

↓5Gは、一度により多くのデバイスと接続できる。ＩｏＴや各種のセンサー、コネクテッドカーや自律走行車などを動かし、しかもそれらの動きが遅くならないほどの能力だ。

↓5Gは、超低遅延の特性をもつ。つまり、ネットワークの一端で指示を出してから、別の端で実行されるまでに遅延が生じない。

　ロサンゼルスで外科医が指を動かすと、マイアミの手術室にいるロボットフィンガーが、ほぼ同時にかつそのとおり正確に動く。5G環境があれば、医者は自信をもってリモート手術に臨むことができる。

マーケターにとってはどのような意味をもつのだろうか？

　データを収集して複数のネットワーク上で動かすための通信速度の高速性に、低遅延とＡＩが組み合わされば、リアルタイム・アナリティクスを実施し、消費者にリアルタイムでソリューションを提供し、高度なパーソナライゼーションを実現し、相手の状況に応じた適切な情報発信を行うことが可能になる。端的に言えば、消費者とのインタラクション戦略とエンゲージメント戦略をリアルタイムで実行に移せるのだ。

一つの例を見てみよう。ある消費者が外出先で買い物をしている。彼女自身の許可を得て抽出していたデータにもとづき、企業は彼女の現在地とその時点の行動に対して最も関連性が高い提案を行える。これはすでに実施されていることだが、5GとAIが加われば、マーケターは彼女の行動を秒単位でモデル形成できるようになる。

先ほどの消費者がショッピングモールにいるとしよう。彼女がもっている携帯電話から位置情報がサーバーへ継続的に送信されるので、滞在場所がリアルタイムでわかる。仮に彼女が今日何かを買ったとしても、その詳細がリアルタイムでデータベースに上がることはない。マーケターには位置情報のみが提供され、購買情報は伝わらない。

しかし、第5パラダイムでは購買情報も提供される。それでも、マーケターが彼女に対する最適な提案やメッセージを決めて実行するためには、迅速分析とモデリングを行う必要があり、そのためには計算能力のみならず、広い帯域幅［周波数の範囲］を使った超高速のデータ伝送が求められる。これは表面的には「ビッグブラザー」［ジョージ・オーウェルの小説『一九八四年』に登場する架空の独裁者］を彷彿させるかもしれないが、こうした情報はすべて完全な匿名状態で処理されるので、消費者のプライバシーは守られ、彼女自身が設定したデータ利用条件にも縛られることになる。

もう一つ興味深い5Gの適用分野は、ウェブデザインだ。5Gが実現する通信速度の速さと帯域幅の広さから、マーケターはウェブデザインについて再考する必要がある。これまで、映像や画像を駆使した大容量のページはあまり増やしたくなかった。しかし今後、それはたいした問題ではなくなる。マーケターは、現行の枠組みを全面的に見直して、実際に「情報が豊富でデータ量が大きいページを制作したい」と考えるだろう。

さらに、これも興味深い適用分野として、コールセンターからリモートで行われるカスタマーサービスがある。5Gの通信速度は非常に速いので、消費者は映像再生時のタイムラグや通信途絶なしにモバイル機器を使った生のやり取りができる。企業としては、これを活用して消費者とスクリーン越しに生のやり取りができることになる。つまり、マーケターにとってはカスタマーエクスペリエンス（CX）を再設計し、カスタマーサービスの枠組みを再考する必要が生じるのだ。モバイル拡張現実（AR）や仮想現実（VR）は、カスタマーサービス、セールス、エンゲージメントの領域に大きな可能性を開くだろう。

まとめると、5Gはこれまでなかったようなかたちで各種のテクノロジーやプラットフォームがもつ可能性を広げ、あるいは変えることのできる、大きな技術的飛躍だ。これがマーケティングにもたらすメリットは大きい。マーケターは、5Gの影響が及ぶ古典的、伝統的なマーケティング領域だけでなく、クオンタム・マーケティングによって強化できる他の領域や機能にも目を向け、ビジネス、ブランド、競争優位性を推進すべきだ。

拡張現実（AR）

ARはまだその初期段階にあるとはいえ、すぐに巨大な存在へと変貌するだろう。ARでは、現実の環境にデジタル情報が重ね合わされる。

たとえば、グーグルはあるカンファレンスで、ビジュアル・ポジショニング・システム（VPS）と名づけた仕組みを導入することによって、グーグルマップがまったく新たな次元へと進化する様子を実証した。スマートフォンのカメラを道路へ向けると、グーグルマップのアプリが地図情報とその他の追加情報、たとえば前方のビルに入っているカフェの存在を知らせるマークかフラッグを、実景に重ね合わせる。どんなカフェなのかを知るためにわざわざその場所まで歩いて行かなくても、グーグルマップが示してくれる。[1] これは消費者の生活をとても便利にしてくれる。ほんとうに素晴らしい機能だ。映像フレームのなかでは、店の名前だけでなく、ありとあらゆる情報（例：この店ではセールを実施中、別の店には割引価格の商品がある、あのバーはちょうどハッピーアワーの最中など……）を重ねることが可能になり、全体像をとらえられる。

消費者が周囲の環境とやり取りする情報の質が豊かになる。そして、そこに生じるチャンスは素晴らしいものであり、非常に破壊的とも言える。私が、休暇で海外のある街へ行くとしよう。私のデバイスにはARアプリが入っているので、もうツアーガイドは必要ない。面白そうなスポット、優待キャンペーン実施中の店を検索すれば、そこまで自力でたどり着ける。その場でアプリを開くだけだ。目的地までの最短ルートも教えてくれる。私の目の前に広がる風景とスクリーンに映っている風景は同じだが、スクリーンにはより多くの、私に関連し、役に立つ各種情報が重ねられている。このような機能がどれほどのマーケティング機会をもたらすか、想像してみてほしい。

別の例を見てみよう。消費者が新しいクレジットカードを郵送で受け取ると、たいていウェルカムパッケージが同封されていて、カードの機能やメリット、優待情報などが記載されたブローシャー［小冊子］も一緒に入っているだろう。受け取った人は、せいぜい1分足らずのあいだ眺めたら、ブローシャーをゴミ箱へ捨ててしまうのではないだろうか。これらのブローシャーは、非常に静的なコミュニケーションツールだ。カードに関連する、特定の時点で最新かつ最良の情報を、どうすれば消費者に必ず読んでもらえるだろうか？

それには、ARアプリを開いてカードにかざしてもらえばいい。アプリがカードを認識すると、カードの前面にさまざまなカード会員向けのプロモーション情報やメンバー特典が映し出される。

この方法なら、カードを保有するメリットをとても強力に、かつダイナミックに伝えられる。カード発行会社はブローシャーの制作費を節約できるし、アプリの会員向け情報をいつも最新の状態にしていられる。そして、消費者一人ひとりの状況に合わせて適切なオファーやメリットだけを伝えられる。消費者は、世界じゅうの優待情報をいっぺんに浴びせられるのではなく、あくまでも自分が住む場所、現在地、あるいは次の目的地に関連するものだけを受け取れる。突き詰めれば、ARによって、大容量データによる過重な負荷を生じさせず、雑多な情報の海に埋没することもなく、顧客との関連性が非常に高い情報だけを、とてもシンプルに伝えられるのだ。

同じ考え方は、たとえば家電製品にも応用できる。消費者がARアプリを開いてその製品に向ければ、ユーザーマニュアルが出てくる。あるいは食材に向ければ、レシピが出てくる。

さらにもう一つ、面白い例を紹介しよう。衣料品店の前を歩いている消費者の目に、ウィンドウディスプレイに飾られている魅力的なシャツが飛び込んできた。彼女がARアプリを開き、そのシャツに向ければ、あらゆる関連情報を受け取ることができる。価格、メーカー名、製造国、素材、その時点で店舗に在庫がある色とサイズ、オンライン注文が可能なアイテム、現在実施中のディスカウントやプロモーション、などなど。

ARがウィンドウディスプレイの概念を根底から覆し、スマートフォンがバーチャル店舗、あるいは店主にとっては第2の店舗となるのだ。

イケアのような企業は、すでに別のかたちでARの活用を始めている。消費者は、アプリを使えば、いろいろなイケア製品がバーチャルに自分の部屋に置かれた様子を、かなりリアルに眺められるので、どこに置けて、どう見えるのかを実感できる。[2] これは優れた視覚化ツールだ。購買プロセスから想像や当てずっぽうをなくせるのだ。

同様に、ARはコロナ後の世界でも利用が増えていくだろう。消費者が非接触型の体験を好み、自分に似合う色か試すことをためらうような口紅などの場合だ。ARアプリを開いて口紅に向ければ、実際に塗ったように色や質感を確認できる。衣料品の試着も同じでデジタルミラーに向ければ、ARの機能によって消費者が実際に身に着けたのと同じ状態を見ることができる。一種類の服を試着したら、そのまま別の色を試すことも可能だ。

これは、AR内でレイヤーを取り換える機能によって実現する。この分野ではさまざまな実験が続いているが、第5パラダイムでは、使用の実例が蓄積されつつ、広く普及が進むだろう。

ただし、マーケターにとっては考えるべき課題もまだ多い。道行く人々がARアプリを開けば、スクリーン上では、目の前に広がるのと同じ風景に大量の情報が重なって現れる。次々と現れるそれら情報の波に、ブランドはどう割り込み、上手に目立たせればよいだろうか？ 何百ものブランドが何百ものプロモーションを展開し、スクリーン空間にひしめき合っているだけでは、効果は生まれない。それでも、ブランドは目立たなければいけないのだ。マーケターは、どうすれば確実にブランドを目立たせ、消費者の注意を引きつけ、効果的に絆を結べるだろうか？　これは、ブランドが「どうやって消費者の関心を商売につなげるのか」というマーケティングモデルや枠組み全体を再考するための、とても面白いチャンスなのだ。

仮想現実（VR）

鳴り物入りで始まったVRだが、その後の普及はあまり進んでいない。VRとは、あらゆるものに関する視界360度の没入体験を可能にするテクノロジーだ。ユーザーは、自分が見ている空間のなかに放り込まれた気分になる。大きな可能性をもったテクノロジーだが、品質面では改善の余地が残る。ピクセル数がまだかなり粗く、動いているものを見るとき、ユーザーは多少乗り物酔いをしたように感じるし、ヘッドセットを装着しなければならないので、とても素晴らしい体験とまでは言えない。

しかし、これはまだ滑り出しにすぎない。いまは、このテクノロジーがもつ可能性をマーケターたちに実証している段階ととらえるべきだ。VRは、ビジュアルの質にとどまらず複数の領域で進化していく。ヘッドセット自体も、よりスマートで付け心地が楽になるだろう。徹底的に最高品質を追求したVR映像の制作費は、劇的に下がるだろう。VR環境のなかでARのレイヤーが重ねられるなど没入体験をより充実させるための技術進歩が続く。たとえば、消費者が見たい要素に応じて音声が調整されるようになる。その場で買い物をするときには、支払いプロセスもシームレスに統合される。

例を挙げよう。高級シャンデリアメーカーが、美術館クラスの大きな品物を2点製作する。保管しておくには費用がかかりすぎ、輸送すれば壊れやすく、店舗で飾るにもスペースを取りすぎる。このメーカーは、世界じゅうのさまざまな場所にいくつかの実店舗をもっているので、「二つのシャンデリアはどこで最も確実に売れそうか」つまり、「他の店舗での陳列機会をなくしてまでその場所だけで陳列すべきか」を判断する必要が生じる。他の店舗でポスターを貼り、映像を流すことはいつでもできるが、これほどの高額品がポスターと映像だけで売れる可能性は低いだろう。

ここでVRが登場する。メーカーは、深く没入できて、かつインタラクティブな機能をもつ動画をつくって、あらゆる角度から撮影したシャンデリアの大きさ、外観、雰囲気、質感を伝えることにした。VR動画によって、とてもリアルに本物のシャンデリアを眺めているかのような没入体験ができることで消費者の購入したい意欲が湧くかもしれない。全店舗がこのVR動画を用意し、見込み客には実物を見ているようなバーチャル体験をしてもらえる。ARのレイヤーを重ねれば、インタラクティビティは驚異的に高まるだろう。

このようにして、このシャンデリアメーカーは、流通と販売に関する難題を乗り越える。マーケターは、さまざまな業種と商品ジャンルで、あらゆる種類のアプリを考案できる。たとえば、航空会社ならファーストクラスのキャビンを展示できるし、ホテルなら素晴らしい眺めが売りの部屋やスイートを見てもらえる。これらのサービス企業が行っているのは、いわばバーチャルサンプリングだ。

マリオットは、すでにいくつかの施設についてＶＲを使った試みを始めている。[3] ＶＲは、企業の商品製造、サンプリング、消費者エンゲージメントといった各種の戦略に大きな影響を与える。

コンサートやスポーツなどのライブイベント視聴は、ＶＲの大規模な応用事例になるだろう。ここで一つ考えてみてほしい。マーケターは「高度な没入型ＶＲで試合をライブ視聴している人たちに向けて、静止画の広告を見せたい」と思うだろうか？　それとも、「自社の広告を、うまく観客の視線をとらえながら、視聴の邪魔をせずに表示する最善の方法を探りたい」と考えるだろうか？

新型コロナウイルス感染症の流行で、スポーツ、コンサート、カンファレンス、展示会などさまざまなライブイベントが中止を余儀なくされた。多くのコンサートはすぐにバーチャル開催へと移行した。通常、ライブイベントがテレビ放送される場合、視聴者の数は非常に多く、映像は2次元だ。もしもＶＲによって高品質の優れた体験が実現すれば、消費者はまるで会場に来ているかのような最高の没入体験を楽しめるだろう。コンテンツが充実していて魅力的ならば、そこにブランドと消費者がつながる強力な機会が生まれる。最近では、すでに多くのマーケターが、テレビ広告をそのままデジタルチャネルで見せても、結果につながらないことを認識している。それとまったく同じ意味で、マーケターは2次元広告を単にVR環境へ放り込むわけにはいかない。VRに合った、強力な成果につながる広告を考えるには、VRを適切に理解する必要がある。

そう遠くない将来、効率性（費用と時間の両面）やインパクトの観点からVRを基軸フォーマットとして開催される展示会やカンファレンスが現れるだろう。そして、そうしたショーやカンファレンスの数は劇的に増えていくはずだ。つまり、リモートの観客たちにとっては完璧な没入体験、とてもリアルな体験が増えていくだろう。

スマートスピーカー

アマゾン、グーグル、その他いくつかの企業がスマートスピーカーの製造を開始した。これはインターネットに接続されたスピーカーのことだ。ユーザーは、このバーチャルアシスタントに向かって質問や指示を出せば、その答えがすぐに人の声で返ってくる。ユーザーとスマートスピーカーとのやり取りはほぼ人の声だけで完結する。

たとえば、ユーザーがスマートスピーカーに、「アレクサ」とか「ヘイ、グーグル」と呼びかけて質問をすれば、答えが返ってくる。スピーカー自身が検索して、質問して、ときには買い物もする。買い物に関するやり取りやプロセス全体が声で行われるとき、これを「ボイスコマース」と呼ぶ。検索から評価、購入にいたるまで、すべてが声を通して進められるのだ。

ボイスコマースは大きく成長を始めている。スマートスピーカーのインターフェースはどんどん性能が上がり、そこから流れる声はますます本物の人間らしくなっている。２０１９年末の時点では、アメリカの全世帯中25％以上がスマートスピーカーを保有していた。[4]

従来の映像環境において、企業は一般的に自社商品をその魅力が伝わるよう紹介し、ブランドの力で商品力を補強してきた。また、それらは丹念な調査にもとづいて巧みに制作されていた。こうしたアプローチはより科学的な方向へと進化し、その企業を競合各社から際立たせ、消費者の注意を引き、さらには商品を買ってもらううえで非常にうまく機能していた。

しかし、スマートスピーカーでは、すべてが音声を介して行われる。そこに視覚的な領域は存在しない。視覚的な領域が存在しないのだから、それまで行われてきた視覚上の最適化は一挙に無意味なものとなった。

したがって、ブランドはこうした音声だけの環境でどうやってマーケティングを展開するかを考えなければならない。ここで注意すべきなのは、視覚的な環境でなら、消費者は複数の要素を一度に見られる、ということだ。あるブランドが、その他多くのブランドと並んでいてもいいし、別のコンテンツと同一スクリーン上に映し出されてもいい。

しかし、音声は直線的（リニア）に進んでいく。一人が一度に、たった一つのコンテンツや一つのブランドについて話すか聞くことしかできない。つまり、マーケターは、消費者が何かを検索したときに自社ブランドが最初のおすすめとして現れる方法を考える必要がある。

さらに興味深いことに、ある調査にもとづく研究で、スマートスピーカー保有者の70％が、このデバイスを通じて一度以上買い物をしたことがあるのだという。[5] つまり、いまやアマゾンのアレクサには、新しい門番（ゲートキーパー）／インフルエンサー／疑似意思決定者がいるのだ。マーケターは、このまったく新たな潮流への対応を迫られている。

ホログラフィックプロジェクション

数年前、トゥパック・シャクール〔2PACという名前で活躍したラッパー。1996年に銃撃されて死亡〕が、まるで魔法のごとくコーチェラ・バレー・ミュージック・アンド・アーツ・フェスティバルのステージに登場すると、観客は狂喜した。それは疑似ホログラフィック効果で、角度を違えた複数の鏡に映像が投影され、それなりにリアルな幻影となって現れたものだった。

それ以来、ホログラムは大きく進化した。いくつかの企業が亡くなった歌手をよみがえらせてコンサートツアーを行っている。そう、音楽コンサートを後援するようなブランドは、いまや亡くなったアーティストの3Dホログラフィックツアーも後援できるようになったのだ！

私は、この構想がロイ・オービソンとマリア・カラスで実行に移された舞台を見たが、まるで本物と見間違うほどだった。実在のオーケストラがステージ上に展開し、非常にリアルな各歌手のホログラムがその真ん中にいて、演奏者や観客と交流するのだ。それはとても魅力的な体験だった。そのとき、私はステージの正面あたりに座っていた。リアルな効果を出すためには、一定の範囲内にいる必要があったからだが、とにかくリアルだった！

その後、マイクロソフトがＡｚｕｒｅ－ＡＩの機能を装備して複合現実（ミックスドリアリティ）領域に参入した。彼らのデモンストレーションは驚くべきものだった。ラスベガスにいるプレゼンターが、日本の会場へバーチャルで移動し、ホログラフィーで投影された。それだけではない。ＡＩの機能により、日本語を話せないはずのプレゼンターの女性がまるで実際に日本語でスピーチを行っているように聞こえたのだ。彼女の声のトーンや抑揚に違和感はまったくなかった。日本の聴衆にとっては、この女性がその会場で、日本語で講演を行っているように見えたはずだ。彼女は現地へ出向く必要も、日本語を学ぶ必要もなかった。

これは、ヘルスケアからエンタテインメントやバーチャル会議まで、さまざまな分野のゲームチェンジャーとなるだろう。何より、マーケティングにとって素晴らしいチャンスの到来だ。[6]

普及の始まったホログラフィックコンサートだが、実施にはスポンサーを必要とする。そして、それらのイベントは生きているアーティストのライブコンサートと競い合うことになるので、全体として見れば供給過剰によってスポンサー費は抑制できるかもしれない。しかし、消費者にそれほど時間的な余裕はあるだろうか？　一人の消費者が、一体いくつのコンサートを見られるだろう？

マーケター、中でも体験型イベントを担当し、あるいは担当しようというマーケターにとって、それは今後の戦略化へ向けて考えるべき要素だろう。

セールスや商品デモンストレーションは、ホログラフィックプロジェクションを活用することで迫力と説得力を増す。消費者に、商品を見せながら、その機能を細部にわたって実証できるのだ。また、これはB2Bマーケティング〔企業と企業のあいだで行われる取引〕や販売の強力なツールとしても活用できる。

他にも、広告の共同制作、カスタマーサービス、バーチャルショールーム、販売員向けの商品研修といった領域でホログラフィックプロジェクションは活用できる。

この領域で成果を挙げるのなら、マーケターはこうしたテクノロジーを他者に先んじて習得し、活用の機会を見つけ、テスト、学習、改善、導入するための戦略を構築する必要がある。

IoT（インターネット・オブ・シングス）

自宅や仕事場に置かれたデバイス、そして今後さらに増えるはずの各種デバイスは、第5パラダイムですべてインターネットに接続される。あらゆるコネクテッドデバイスはマーケティングメディア化する。家電、サーモスタット、自宅の鍵、自動車、体重計、スーツケース、ありとあらゆるものからデータが上がってくるだけでなく、その多くが音声か映像、またはその両方を通じたコミュニケーションの窓口となる。

あらゆるコネクテッドデバイスがデータを集めている以上、マーケターはそれらを集約して内容を理解し、実行可能なインサイトを引き出し、それに沿って行動できなければならない。それは、たとえばパーソナライズされた広告を冷蔵庫のスクリーン（サムスンがすでにスクリーン付き冷蔵庫を販売している）[7]やコネクテッドカーのダッシュボードに映し出し、あるいはスピーカーから流すといった非常にシンプルなことだ。

これらは、マーケターが「自分たちのシステムや機能をどのように整理し、準備すべきか」といったことに大きく影響する。広告業界は、ＩｏＴ環境における広告出稿の構造そのもの、広告枠への入札や掲載方法といったことのすべてを再考しなければならない。何しろ、現在はそれを実現するためのエコシステムもインフラも存在していないのだ。

マーケターは、カスタマージャーニー［消費者がある商品やサービスを知り、実際に購入するまでの過程］について考え、ペインポイント［お金を払ってでも解決したいポイント］またはセールスチャンスをリアルタイムで把握し、リアルタイムで行動する必要がある。そのためには、現在のマーケティングや広告のアプローチ、プロセス、それを支えるテクノロジーをすべて一から見直さなければならない。

ウェアラブル端末

腕時計、スニーカー、ヘッドバンド、アームバンドからリング、衣服にいたるまで、ウェアラブル端末の形態はさまざまだが、すでに多くの人に利用されている。人々は、これらウェアラブル端末が自分のあらゆることを測る力を信じきっていて、「定量化された自分を知りたい」という欲求はどんどん高まっている。ウェアラブル端末からのデータがリアルタイムで届くか、クラウドに集積されるかを問わず、これらの端末は消費者が強く関心を寄せている領域の、きわめて重要な情報を収集しつづけている（だからこそウェアラブルを装着している）。

マーケターは、もしほんとうにアクセスできるとすれば、これらのデータをどう扱うべきだろうか？

その意味するところはＩｏＴと非常に似ている。ただし違うのは、ウェアラブルから上がってくるデータは、消費者が自分自身について知りたい領域に関するものなので、個人に関するより詳細な、しかもこれまでになかったデータが得られるということだ。

私はつねづね、「マーケターは消費者のプライバシーに十分配慮すべきであり、彼らの生活にまで踏み込むべきではない」と注意を促している。マーケターは、消費者が明確に許諾しないかぎり何もすべきではないし、消費者側が与える許諾の内容について、大量の法律用語を使ってごまかしたりせず、わかりやすい言葉で消費者たちに伝えなければならない。ウェアラブル端末から上がってくるデータは、商品やサービスの開発にとって、新しい次元の、とても貴重な情報をもたらしてくれる。

3Dプリンティング

3Dプリンティングは、ヘルスケアから自動車まで、あるいは工業から金融業まで、幅広い業種のマーケターに多大な恩恵をもたらす。マーケティングの4つ目のPであるプレイス、言い換えれば流通にとって、3Dプリンティングは大きな機会やソリューションとなる。いくつか例を挙げてみよう。

■ヘルスケア

第5パラダイムでは、個人用にカスタマイズしたプロテーゼ［義歯や人工骨など医療用の人工物］や補聴器などの装身具を3Dプリンターでつくることがあたりまえになるだろう。

たとえば、偏平足になった私の知り合いが整形外科へ行ったところ、プロテーゼを提案された。足を測った後、「品物が届くまで数週間かかる」と言われたそうだが、もしもその外科医がその場ですぐにプロテーゼを3Dプリンティングしてその知り合いに提供できたとしたら、どれほど素晴らしいだろうか？

■ 自動車

車のスペアパーツは、その場で3Dプリンティングして入手可能になる。

■ 各種商品

商品や小型の商品サンプルなどを3Dプリンティングで制作できる。

■ パーソナライゼーション

カスタマイズが必要な物には3Dプリンティングが適している。

■ 製品プロトタイプ

シャンプーのボトルであれ、工業製品であれ、製品プロトタイプの制作には3Dプリンティングが活用できる。これまでのやり方よりも早くつくれるし、しかもはるかに安上がりだ。

ここまで挙げてきた以外にも、マーケティング領域や一つまたは複数の4Pに影響を与えるような各種のテクノロジー、たとえばロボティクスやドローンなどはどんどん進化している。

マーケターは、これらすべてのテクノロジーの変化から読み解ける意味や機会をしっかりと把握し、素晴らしい未来に備え、それらがもつパワーを自社やブランドに活用していくべきだ。彼らは、消費者との絆を結ぶための方法やツールを、どれだけメディアと同じぐらい多面的かつ多様に形成できるだろうか？

ＡＩと５Ｇが駆動するこれらの新テクノロジーは、目覚ましいことを実現可能にするだろう。つまり、高度にカスタマイズされ、一人ひとりの状況に適した内容で、パーソナライズされ、魅力的で、インタラクティブな没入型のソリューションや体験だ。

マーケターは、消費者を無理に驚かせたり怖がらせたりすることなく、感動を提供できる。私たちの未来にはかぎりない可能性が広がっている。

第6章のまとめ

↓次々と現れる新テクノロジーが組み合わさって、新しいエコシステムが誕生するだろう。マーケターは、それぞれについてしっかりと掌握し、進化のさらに先を行く必要がある。

↓マーケターは、どうすればそれらの新しい特徴をうまく活用できるだろうか？

↓新たなテクノロジー環境において、自分たちのマーケティング構想を活かし、発展させ、テストを行うためには、誰とどう連携していくべきだろうか？

↓構想したモデルにかかるコストとそのメリットは？　どのようにテストを始めて、どのように学びを得るべきだろうか？

↓それらのソリューションを開発するためには社内の人材が必要だろうか？　もしも外部人材に頼るのなら、マーケター自身とチームメンバーたちの知識を高めるために研修やワークショップを行う必要があるだろうか？

存の仕組みでこれをやろうとすれば、少なくとも数日はかかるだろう。

一方でブロックチェーンを使っていれば、農場から地元の問屋、そこから市中へ運んだ車両、市中の問屋、そして最終的な販売店まで、野菜の流通にまつわる全工程を明確にたどることができる。各工程がブロックになっていて、それらのブロック（あるいは記録）は変えられない。ブロックチェーンさえあれば、わずか数秒で流通経路がわかってしまうのだ。

ビットコインは仮想通貨の一種で、なかでも最も広く知られているものだ。どの政府も、仮想通貨の発行や保証は行わない。仮想通貨の供給量は制限されているので、一定単位の仮想通貨を入手したい人は、自国政府が保証している通貨を、需要に応じて多く、あるいは少なく支払う。仮想通貨の価値は激しく変動するため、その保有はいまのところギャンブルに近い。仮想通貨は、一般的にブロックチェーンのテクノロジーによって実現できている。

仮想通貨の話はここまでにしておいて、現時点では以下の点を把握しておけば十分だろう。

↓ビットコインは仮想通貨の一種であり、ブロックチェーンはテクノロジーの一種である。

↓ブロックチェーンは、仮想通貨を動かすための基盤的技術である。

↓仮想通貨は、ブロックチェーンのさまざまな応用形態の一つにすぎない。

→ブロックチェーンは、中央集権的な、あるいは単一の管理主体をもたない、履歴管理システムである。すべての参加者が記録を共有し、同時に全取引の証人となるため、各取引について後から手を加えられることを阻止できる。

マーケティングにおける事例をいくつか紹介する前に、ブロックチェーンの話に関連して頻繁に耳にする言葉を一つ紹介しておこう。それは**スマートコントラクト**だ。

ここに二つの集団がいる（もっと多くてもよいが、話をシンプルにしておく）。彼らは、双方が受け入れ可能な取引条件で、ある契約ないし取引に合意した。この条件が暗号化されたソフトウェアのプログラムは自動的に動き、取引を確実に履行する。これをスマートコントラクトと言う。プログラムを「いじる」ことはできない。変更は不可能だ。双方の当事者はともに取引とその結果を信頼できると考えており、仲裁者が内容を検証、認証する必要はない。誰かがわざわざ介入して、「この取引は契約条件に則って実際に行われた」と宣言する必要もなければ、事後に数字を照合する必要もない。これこそブロックチェーンの本質的価値と言える。

問題だらけの支払いは消えてしまえ

広告出稿のエコシステムは不透明で、信頼性の問題、リベート［取引代金の一部を買い手側に払い戻すこと］疑惑、データのでっち上げなどさまざまな問題をはらんでいる。

数年前、全米広告主協会（ANA）は調査会社のK2インテリジェンスに対して、業界慣行の調査を委託した。その結果は驚くべきものだった。媒体社から広告代理店へのリベートが普通に行われ[1]、広告詐欺がまん延していた。さらに、調査結果によれば、ブランドオーナーが負担した広告費のうち、媒体社には60％しか支払われていなかった。残りは、広告出稿に関する数値を計測し、検証し、認証し、照合する各種の中間業者に渡っていたのだ[2]。ブランドオーナーと媒体社のあいだで、作業の段階ごとに膨大な数の中間業者が存在し、パイを一切れずつ取っていた。

図5で示したように（図5参照）、中間業者にはメディアエージェンシー、デマンドサイドプラットフォーム（DSP）、アドサーバー、アドエクスチェンジ、事前照合プラットフォーム、サプライサイドプラットフォーム（SSP）、データ検証／照合プラットフォームなどが含まれる。しかも、これらは全体のなかの一部分にすぎない。

はっきり言えることは、広告費の60％未満しか媒体社に渡らないのなら、広告出稿のバリューチェーンとエコシステムを見直す潮時だ。

そして、ここにこそブロックチェーンを活用できる。

広告主は、正当かつ適切に出稿された分の広告費のみを支払うべきである。広告を見たのが、ボットではなく、実在の人間だと確認できる必要がある。広告が、不正なサイトではな

図5

広告エコシステム

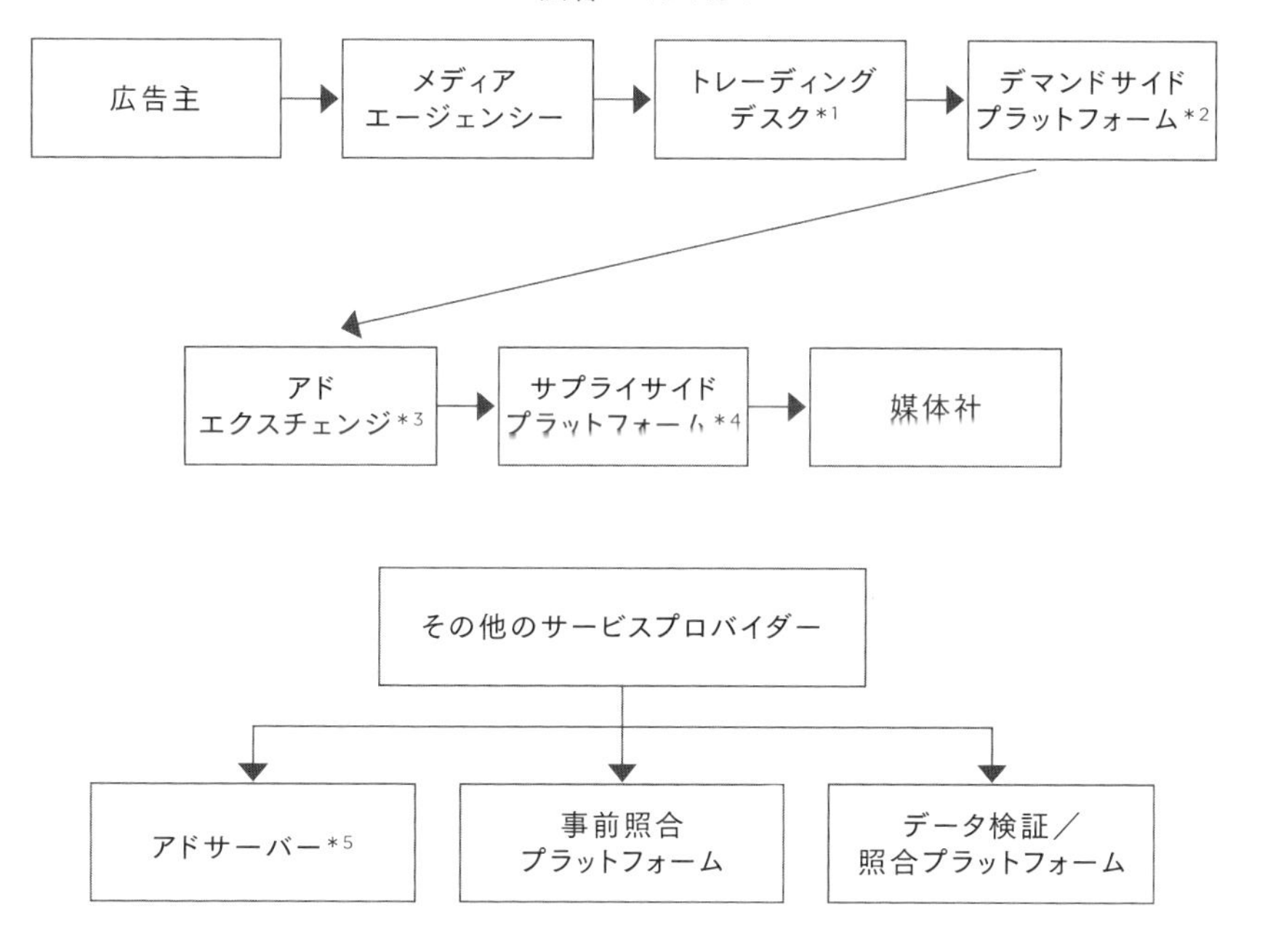

＊1：運用型広告の運用担当
＊2：広告主や広告会社が広告を出稿するためのシステムで、掲載面や価格等の設定条件に合致した広告枠を自動的に買いつけ、広告を配信する
＊3：デジタル広告枠（在庫）の取引市場
＊4：媒体社が広告枠の販売効率化や収益最大化を図るシステムで、広告枠や価格等を設定し、複数のDSPやアドネットワーク、アドエクスチェンジの配信を一元管理する
＊5：掲載面や表示回数をコントロールするデジタル広告配信専用サーバー

結果によれば、今後5年間の合理的な目標として、1ドルに対して15から20セントを回収できそうだという。調査会社のeMarketerによれば、今年の世界のオンライン広告市場は3330億ドルだった。つまり、そのうちの650億ドルは節約できることになる。[3]

第5パラダイムにおいて、マーケターは成果を求められつつ、同時にこれまでよりも強いコスト削減のプレッシャーにさらされるだろう。そこでは、ブロックチェーンが主要な役割を果たすに違いない。

ブロックチェーンは「どこ」で必要か？

広告のバリューチェーンと同様、マーケティングの世界にもバリューチェーンがある。ポストプロダクション・バリューチェーン、パッケージング・バリューチェーン、プロモーショナル・バリューチェーン、インフルエンサー・バリューチェーン、などなど。

それぞれの領域にチャンスは転がっている。シンプルな経験則をお伝えしよう。複数の中間業者を含むプロセス、透明性に対する懸念、信頼の欠如、不正行為のまん延、取引に関する検証や検査の必要性、数値の照合などに取り組むのであれば、ブロックチェーンはうってつけの仕組みだ。

プロヴィナンス（来歴）〜誰だって「本物」が欲しい〜

もう一つ、ブロックチェーン関連でよく耳にする言葉がある。**プロヴィナンス**だ。プロヴィナンスとは、商品の来歴を調べて、その経路をたどることだ。これは、とりわけラグジュアリーグッズ、医薬品、スペアパーツのマーケターにとって非常に重要な作業になる。偽の商品が市場に出回るリスクがある場合など、どれが本当のオリジナル品か、どれがフェイク品かを見分けることがきわめて重要だからだ。ブロックチェーンを使えば、ある品物について、その製造場所から売り手に届くまでの経路を追跡できる。サプライチェーン上、商品が一つの流通ポイントから次へ移る時点、場所ごとに、それが本物かどうか検証される。もし偽物が市場にまぎれ込めば、そこにその商品がオリジナルだという履歴は記録されていない。

第3と第4のパラダイムでは、ラグジュアリーグッズの製造企業は製品にホログラムシールを貼って証明した。これは、ホログラムの複製がかぎりなく不可能に近い、という前提に立って行われた。商品にホログラムが貼られていれば、実物だとほぼ確信できた。

第5パラダイムではデジタルIDがホログラムと同等の機能をもつ。各商品に固有のデジタルIDが付与され、ブロックチェーンのテクノロジーによって、製造工場から小売店、さらにその先まで追跡が可能になる。

信頼性が損なわれ、不正が絶えない現代において、真正性の証明（シール）はブランド差別化の大きなツールになる。ブロックチェーンとデジタルＩＤの組み合わせは、まさにそれを実現するものだ。たとえば、ここに高級腕時計のパテック・フィリップを買いたい消費者がいる。この人は、商品が本物であることの確実な証明として所有者歴を追跡したいと考えている。プロヴィナンスの機能をもつブロックチェーンこそがその答えだ。

また、多くの人にとって、食品の原産地はとても重要な情報だ。たとえば、小売店の棚でオーガニック製品を見かけたら、それがどこで、いつ生産されたのか、この店に届くまでどういった経路をたどってきたのか、といったことを知りたくなるだろう。まさにそのためにプロヴィナンスの考え方がある。環境問題を意識している人、生産方法を気にしている人、商品の原産地と流通経路を知りたい人にとって、ブロックチェーンは重要なテクノロジーだ。今後、消費者の意識はさらに高まり、ブランドにとって本物であることの証明責任はますます大きくなる。

マーケティング活動において、ブロックチェーンを活用して実現できることは増えていく。第５パラダイムではブロックチェーンの普及がさらに進み、マーケティングのエコシステム全体における中核的役割を担うことになるだろう。

第7章のまとめ

↓ブロックチェーンは、ビットコインや他の仮想通貨とは違う。ブロックチェーンは仮想通貨を動かすテクノロジーである。

↓ブロックチェーンは、エコシステム内の取引に対して、スマートコントラクトを通じて、信頼性、透明性、不変性などの点で計り知れない価値をもたらす。

↓ブロックチェーンは、広告のバリューチェーンに費用効率性と切望されていた信頼性を取り戻す。また、マーケティングのバリューチェーンにおいてもさまざまに応用できる可能性をもつ。

↓プロヴィナンスは、品物の来歴や流通経路を追跡するための重要な概念で、マーケティングの世界において商品が本物であること、その経路、来歴の信頼性を示すうえで活用範囲は広い。

第8章

マーケティングの科学
～クオンタム・マーケターが頼るべき学問～

海外で勤務していたあるとき、私は先輩社員の一人で、ＭＢＡを保有し、キャリアの初期ではマーケティングの仕事に携わっていた人と夕食をともにした。後に優れたゼネラルマネジャーへと昇格した彼は、その夜私に大変興味深い指摘をした。

「マーケティングの４Ｐを正しく設定し、それなりの内容の広告キャンペーンを企画、実施して、商品のストーリーをきちんと伝えることができたなら、マーケティングはうまくいったのだ。それなのになぜ」

「なぜ、それ以上マーケティングを複雑にする必要があるのか？」彼は私に尋ねた。

概念的にはそのとおりかもしれない。しかし、ここで重要な問いは、「どうやってその適正なマーケティングミックスへたどり着くのか」ということだ。どうやって、適正な特性と機能を備えた商品（プロダクト）を開発するのか？　どうやって、消費者と企業の双方にとって喜ばしい価格（プライス）を設定するのか？　どのようなパッケージが、どのような感情や行動を引き起こすのか、どうやってそれを知るのか？　その、それなりの内容か、とても魅力的なキャンペーンのつくり方の違いは、どうすればわかるのか？　その提供価値は一度きりの奇跡などでなく、持続力を備えているなどと、そもそもどうやってわかるというのだろうか？

マーケティングミックスの成功は、直感だけで得られるものではないし、基礎的なメソッドをなぞれば、うまくいくものでもない。マーケティングの各側面には、それぞれに科学があり、マーケターはそれらを頼りにしながら、成果をもたらす強力なインサイトへたどり着くのだ。

クオンタム・マーケティングの考え方の一つは、「アート、テクノロジー、そして科学の力を融合して、消費者の頭と心へ分け入る」というものだ。私たちは、「消費者がどのように、なぜ、そのように考え、感じ、行動するのか」「どうすれば彼らの選好に影響を与えられるのか」を学ぶ必要がある。

科学の世界では、大きな進化が起こっている。テクノロジーの場合ほど急速にではないかもしれないが、それでもマーケティングに多大な影響を与えている。マーケティングは、つねにいくつもの科学に頼ってきた。心理学、社会学、人類学、数学、他にもある。

しかし、行動経済学、神経科学（ニューロサイエンス）、知覚科学（視覚、聴覚、嗅覚、味覚、触覚の研究）、そして匿名性の科学などの分野が、従来活用されてきた科学を補完する役割を担いはじめ、マーケティングを、まったく新たな次元へと引き上げつつあるのだ。

では、そのうちのいくつかを見ていこう。

行動経済学

行動経済学は新しい学問ではない。１９７０年代の初頭から研究が行われており、ダニエル・カーネマンやリチャード・セイラーといった先達が優れた業績を挙げてきた。セイラーは、この分野の存在感を高め、注目を集めた。端的に言えば、行動経済学は、心理的、感情的、社会的影響といったさまざまな要素が、個人や組織の経済的判断にどう作用するのかを研究している。マーケティングに最も関連性が高い分野の一つであり、その内容も学んでいて大変楽しい。

私たちは、行動経済学を駆使して、複数の選択肢に直面した消費者が、その意思に反してとる行動を読み解くためのよりよい方法を探ろうとしている。彼らの判断は、従来の理性的な経済モデルやロジックだけでは説明しきれないものだ。

なぜ消費者は、経済的な魅力が高い選択肢を提示されているにもかかわらず、魅力の低いほうを選んでしまうことがあるのだろう？

すべては、その個人が情報を処理し、考え、感じ、そして決断する方法に集約される。そして、それらは心理的、感情的、社会的、文化的要素に左右される。すべての領域から得られるインサイトをまとめると、一見理解不能な行動の裏には個別の合理性があるのだとわかる。行動経済学は、選択を求められる消費者にかかわる複数のパラメーターの関係や相互関係を理解するための枠組みを提供してくれる。行動経済学の活用は、B2Cマーケティング「企業と消費者のあいだで行われる取引」のみならず、B2Bマーケティングにおいても顕著になってきた。

かなり単純化した例で説明しよう。消費者に対して、2種類の異なるオファーが提示される。「100ドルのジャケット2着を計150ドルで売る」あるいは「1着目を100ドル、2着目をたった50ドルで売る」のいずれかだ。単純計算すれば、どちらでもまったく同じ額になる。合理性のセオリーに従えば、どちらのオファーも消費者は同じように扱い、どちらでも同じ程度の売り上げになるはずだ。

しかし実際には、多くの人が二つ目のオファーを受け入れる可能性が高い。これは、マーケターが価格を設定し、プロモーションを企画するうえで重大な意味をもつ。

マーケターとして、最良の結果につながるプロモーションやキャンペーンの組み立て方を理解しておくことは不可欠だ。多くのプロモーションにおいて、実験的手法を用いながらテストと検証を行うことは可能だ。しかし、それには多額の費用と長い時間がかかり、また現実的にはすべてのプロモーションでテストを行うことは難しい。リアルタイム・マーケティングを行っている状況であればなおさらだ。

そこで私たちは行動経済学から、かぎられたテストや実験の結果にもとづいて消費者の選択行動を予測する明確な枠組み、変数、考え方を学ぶ。そして、実際に進めていくにつれて、それらの仮説やモデルをリアルタイムで改善していく。さらに、ＡＩを導入することによって意思決定にいたる経過をより深く理解し、予測の精度を高めていく。

別の例を挙げよう。マーケターが、ある腕時計について、プロモーション割引を含む価格設定に取り組んでいる。

一つ目の方法では４００ドルと値をつけたうえで10％のディスカウントを設定した。正味の販売価格は３６０ドルとなる。

二つ目の方法では価格を５００ドルにまで上げたうえで、20％分をディスカウントすることにした。この場合、正味の売価は４００ドルで、一つ目の場合と比べれば40ドル高い。さらに、自社商品とまったく同じ機能、品質、ブランド力をもった主要競合ブランドが現在４５０ドルで売られているとしよう。

私たちがとるべきアプローチとして、二つのうちどちらがよいだろうか？　あるいは、収益を大きくするために競合とまったく同じ値をつければよいだろうか？

経済的、論理的に考えれば、一つ目の方法を取ったほうが、消費者にとっては魅力的なはずだ。そうすることで十分なマーケットシェアを獲得できるし、販売も勢いづくはずではないのか？　いや、結論にはまだ早い！

ではマーケターは、価格テスト、Ａ／Ｂテスト、実験的な企画、要素分析、その他さまざまに検討すべきだろうか？　これらはいずれも、なんらかのインサイトを一定程度生み出すだろうが、原因を突きとめるうえでは、あまりたいしたことはわからないだろう。

ここで行動経済学が力を発揮する。人の選択に影響を与える各種の要因同士の相互関係や相互作用を見事に把握するからだ。前記の例においては、500ドルが基準点に置かれると、正味の400ドルは格安価格に見えるので、そのほうがキャンペーンとしては成功したと言えるかもしれない。

ソースティン・ヴェブレンの比較的に古い理論（1899年）からも、価格設定やプロモーション戦略の重要な意味を見て取れる。たとえば、ラグジュアリーグッズは、購入者のステータスを誇示する目的で購入され、目立つように陳列される。ヴェブレン効果は、この種の商品では価格が上がるほど需要も高まると教えている。高額のほうが、製品の本質的価値あるいはステータス要素が高まるからだ。これは、古典的なミクロ経済学における、価格と需要は逆相関するという理論とは正反対だ。

イェール大学教授で顧客インサイトセンターのディレクターを務めるラヴィ・ダールは、正しくこう指摘する。

「大半のマーケターは、消費者が合理的な思考をもち、各選択肢についてさまざまなプラスマイナスを考えながら慎重に比較検討していると想定するが、実際の消費者は、ある選択肢が他よりも魅力的だといった直感に従って選択しているのだ」

競合する複数の選択肢を前にした消費者は、どのように判断を下しているのだろうか？　マーケターは、彼らの選択行動をどうすれば理解できるだろうか？　そして、その理解やインサイトを、今後のキャンペーンやプロモーションにどう活かせばよいだろうか？　それは、価格戦略に、ひいてはブランドや商品のポジショニング戦略にどう影響するだろうか？　消費者は、その他の要素が全く同一でパッケージだけ異なる複数の商品に、どう反応するのだろうか？　その理由は？

行動経済学は、こうした疑問に、ある程度の答えを示してくれる。そして、それはマーケターがよりよい戦略を形成していくうえでおおいに役立つのである。

ニューロサイエンス（神経科学）

知られているかぎり最古の医学文献は、紀元前1600年の時点で脳損傷の解説を行っており、私たち人類の脳に対する関心の高さがうかがえる。[1]つまり、「脳について知りたい」という私たちの欲求は、決して新しいものではない。近年進化を遂げたニューロサイエンスは、第5パラダイムを迎えた現代において、かつてないほどその基盤を固めている。

新しい広告、パッケージやその他について調査を行う際、私たちはこれまで対象者にその広告の何をよいと思ったか、その理由は、といったことを聞いてきた。私たちは、ある商品やパッケージや広告が「好きだ」と言う消費者は、その詳細まで事細かに吟味したうえで好きになったと考えてきた。同様に、消費者が好きな部分について語るとき、私たちは彼らがその理由をしっかり認識したうえで回答したと考えてきた。

実際には、消費者の感情は、好きかどうかといったことを含めて、もっと潜在的に、あるいはほぼ無意識のうちに引き起こされる。言い換えれば、彼らは自分が何を好きなのかよくわかっていないようだし、その理由についてはさらにわかっていないようなのだ。

意思決定の90%は**意識下**で行われる。その名が示すとおり、**意識下**とは自覚している意識の下にある。人に質問し、数字を選ばせるというように顕在意識だけに頼っていると、消費者の行動を駆りたてている重要な情報を見落としがちになる。ニューロサイエンスは、こうした情報を整理するうえでおおいに役立つ。

ニューロサイエンスの実験では、科学者が被験者の頭にシャワーキャップのようなヘッドセットをかぶせる。その内側には、被験者に身体的な負荷をかけない電極やセンサーなどが取り付けられている。脳内で発生した電気信号をこれらのセンサーでとらえるのだ。脳内で特定のパターンの活動が起こると、たとえば右の前頭葉と比べて左の前頭葉に活発な動きが見られると、その消費者はいま見たものを気に入ったようだとわかる。そして、それと反対のことが起これば、消費者が否定的な印象をもったと考えられる。

次は、消費者に広告映像を見てもらう。映像が進むにつれて神経細胞（ニューロン）が興奮し、脳内のさまざまな部分がつながる。ヘッドセットは、こうした脳の活動を秒単位で追跡し、広告のあらゆる箇所に記録していく。研究が終了した時点で、マーケターは広告のどの箇所に消費者は興味や好意的な印象をもち、どの箇所には無関心で、どの箇所に嫌気がさし、どの箇所を記憶したと考えられるか、といったことが正確に把握できているのだ。

意識下の記憶は、従来測定されてきた意識的な想起や記憶などと異なることを覚えておいてほしい。すべてのマーケターにとって、これは広告の全般的な効果を高めることにつながる情報の宝庫だと言える。

ニューロインサイト社のファウンダー兼CEOであるプラナフ・ヤダフはこう語っている。

「感情はあらゆるストーリーにおいて重要な成分だが、広告の有効性を決める唯一の要素は、特にブランディングやキーメッセージについて言えば**『長期記憶』**である。広告のキーメッセージやブランディングの部分を思い出せなければ、たとえ市場に行ってもそのメッセージにもとづいた行動がとれない。従来、私たちは実際の**『長期記憶』**を測定したり、ブランディングやキーメッセージをどのように受け取ったか秒単位で計測したりということはできなかったし、背景状況（テレビ視聴やインスタグラムへの投稿）を考慮に含めることができなかった。そこまで細かいレベルで測定できれば、ブランドにとっては大きなブレークスルーと言えるだろう」

他にも、同様の技術が**「バイオメトリクス」**の分野にある。たとえば、フェイシャルコーディング（表情分析）、アイトラッキング（眼球分析）、皮膚伝導などはマーケティング調査に応用しやすい。いずれも直接脳を計測するものではないが、従来の市場調査と比べて質的にも量的にも豊かな情報やインサイトが得られる。

知覚科学

知覚に関する科学体系をマーケティング領域に応用する研究は、比較的まだその初期段階にある。次章「五感のすべてにアプローチ」で詳しく説明するが、内容をおおまかにまとめればこうなる。競合がひしめくなかから抜け出して消費者と絆を結び、彼らの選択や購買の意思決定に影響を与えたいマーケターにとって、五感のすべてを活用することはますます重要（かつマーケターにとって大きな機会）になっている。それぞれの知覚を有効に編成し、脳の該当部分を刺激すれば、それらの目的をすべて達成することも可能だ。知覚科学は新しい領域で、数多くの良質な研究が進んでいる。

匿名性の科学

厳密に言えば、これを単独で科学とは呼ばないかもしれない。

しかし、マーケティングにとってきわめて重要な意義をもち、今後、数々の知見が得られるべき分野なので、あえて科学に含めることとした。

人は、自分だけでいるときと、集団のなかや人が多い場所にいるときでは、ふるまい方が異なる。一人のときは倹約家なのに、「その集団の一員だ」という感覚をもちたいがために集団でいると財布のひもが緩む人がいる。

そして人は、一人でいようが集団のなかにいようが、匿名の存在でいるときに異なるふるまいをする。自分の正体が知られていたら到底できないような行動や発言でも、匿名になると、その抑圧が減少し、あるいはなくなって、できてしまうのだ。

さらに、匿名の社会環境下では集団浅慮（グループシンク）まで発現し、あつかましさ、攻撃性、その他のふるまいが増幅されるようになる。

匿名性は、消費者の行動にどう影響し、ひいてはマーケターに影響していくのだろうか？

ここでは3つの重要な点を指摘しておきたい。

1．オンラインショッピングをする消費者に、真の意味での匿名性が与えられるわけではないものの、売り手とは物理的に接触しない。これが買い手の行動を変える。

たとえば、保守的な文化の地域では、アダルトグッズや女性の生理用品の購入は気まずさを伴う場面なので、「できれば避けたい」という気持ちがはたらく。そこにオンライン購入という選択肢があれば、匿名でないとはいえ、一定程度の分離効果があるので買いやすい。

つまり、オンラインとは購入を促す分離の第1段階なのだ。匿名性のもたらす作用についてより深く知ることができたら、マーケターは需要も好意度（プリファレンス）も高められるだろうか？

答えは「イエス」だ。そして私は、衝動買い（も、当然需要を押し上げるが）への抵抗感を取り除くことについてだけ言っているのではない。

2．分離の第2段階、完全な匿名性を伴う買い物とは、仮想通貨の使用だ。消費者が何かを、たとえばビットコインで買おうとするとき、彼らは自分たちにまで取引履歴の追求が及ばないはずだと考えている。結果として、麻薬の密売、ポルノ製品その他の取引が仮想通貨を介して行われる。実際、仮想通貨とあらゆる不正品を扱うウェブサイト「シルクロード」が結びつき、悪質な取引が横行したこともあった。

マーケターは、自社の製品やサービスカテゴリーに関して適切な質問を自らに投げかけ、その答えを検証する必要がある。たとえば、「ある品物を適法に、ただしなんらかの個人的な事情から匿名状態で購入したい」と考える人がいたら、その購入行動はどのように現れるだろうか？

同様に、仮想通貨を前提とした価格戦略はどう機能するだろうか？　もしもマーケターがある商品の価格を仮想通貨建てにした場合、消費者からは支持されるだろうか？　彼らは、仮想通貨の変動リスクを見込んで、市場の大きな動き一つで無一文になる可能性を受け入れるだろうか？　各アプローチには、それぞれよい点と悪い点がある。しかしマーケターは、一つひとつを匿名性と行動の観点から慎重に検討し、注意深く行動すべきだ。

3．社会のなかで匿名性を獲得すると、人はより意地悪く、悲観的になりうる。

2016年に、ゲティスバーグ・カレッジのクリストファー・バートレットが大学生を対象に行った調査によれば、大学での1年間を通して、ネット上では自分の正体が秘匿されると感じた人ほど、ネットいじめにはまり、あるいはネットいじめを正当化した（「いじめられるほうに原因があるなら問題ない」）という。[2]

匿名の環境で、人はブランドを平気で、容赦なく批判する。加えて集団浅慮や集団の圧力がはたらきやすい状況において、マーケターはどのようにブランドを守るべきだろうか？　多くの人がSNSに夢中になり、デバイス依存は中毒の域に達し、個人間の意思疎通にも変化が生まれ、社会の文化構造も様変わりしつつある。これらすべての背後にある科学を学ぶことはとても重要だ。ブランドを紹介し、あるいは守る役割を担うマーケターが、そこから得るものは多いはずだからだ。内在する消費者心理やその行動への理解を深めれば、戦略を立てて、十分に備えることもできる。この特別な領域に関する研究と応用は、まだ進みはじめたばかりだ。とはいえ、そう遠くない将来、私たちはここからさらに多くの貴重なインサイトを得るに違いない。

今までとは別の次元で、マーケターはブランドに対する非常に敵対的で、しばしば不当とも言うべき攻撃を食い止めるために、「SNSプラットフォームがどこまでの役割を果たすべきなのか」についても評価すべきだ。私たちマーケターは、SNS空間がブランドにとって安全で、匿名のならず者たちが送りつけてくる挑発的なメッセージは掲載されない場所になるよう、プラットフォームに行動を促すべきだろうか？　結局のところ、マーケターはプラットフォームに対して広告収入というかたちで資金を供給しているのだから、ブランドいじめを防止し、軽減する責任をSNSプラットフォームにもたせるべきではないだろうか？

最後に、急速な変化を遂げつつあるテクノロジーの状況に目を向けるのと同じぐらい、私たちはマーケティングに影響を与える科学の基本領域や新たな発展も忘れてはならない。成功するマーケティングは、科学を深く理解し、テクノロジーをしっかり取り入れることから始まるのだ。

第8章のまとめ

↓さまざまな分野の科学が、そのマーケティングへの応用性という点でも進化を続けている。私たちが第5パラダイムにおける消費者の理解を進めるうえで、それらは重要な役割を果たす。行動経済学、ニューロサイエンス、知覚科学は、すでに古典的な科学の枠組みを補完しはじめている。それらが、マーケティングをまったく新たな次元へと引き上げているのだ。

↓消費者は、膨大な数のマーケティング・メッセージやその他のやり取りに対応しなければならない。そして、もはや私たちは彼らの意思決定を従来の経済学や論理では説明しきれなくなっている。行動経済学では、複数の選択肢に直面した消費者がどのような行動をとるのかを探るための、よりよい方法の模索が続いている。

↓人々の心理、なかでも匿名環境での心理は、ＳＮＳ上での動向と直接的にかかわっている。匿名性の下での消費者心理や行動原理をより深く知ることができたら、マーケターは今後避けて通れないＳＮＳ環境の激変にもしっかり備えておけるだろう。

第9章

五感のすべてにアプローチ〜多感覚マーケティングで忘れられないブランドづくり〜

この時点で、サイエンスとテクノロジーの話をいったん脇に置いて、第5パラダイムで変化する消費者の行動とその他いくつかの要素について、そしてマーケターがそれらにどう取り組み、活用すべきかについて考えてみたい。

新しいデバイス、スクリーン、人の関心を引き寄せて没入させるコンテンツが大量に現れ、ただでさえ情報過多の消費者は、さらに膨大な量の情報に押しつぶされそうになっている。消費者は、自分たちが浴びているそれらの情報を処理しきれなくなるだろう。そうすると、こうした状況に、彼らはチャンネルを変えるか、スクリーンを閉じるか、自費で広告遮断環境を手に入れるかなどの対応をとるようになる。消費者に接触するだけなら簡単だが、無数の商品がひしめく環境下で彼らの心をつかむことは難しい。それでもマーケターは、それが商品であれ、サービスであれ、ブランドであれ、自分たちのストーリーを伝えなければならない。

では、どうやって？

一言で言えば**知覚**だ。クオンタム・マーケティングのなかで最も革新的な成果の一つである「多感覚マーケティング」について学ぶ前に、まずその背景を確認しよう。

私たちの脳がもつ2つのシステム

人は、五感を通じて脳にさまざまな情報を絶えず送り込んでいる。脳の異なる部位がこれらを処理し、私たちの周囲に広がる世界の意味を理解する。マーケティングと直接的な関係がある部位と処理のいくつかに絞って見ていこう。

一つ目に、従来から**原始脳**と呼ばれている部位がある。ここは急速に、かつ簡単に機能する。たとえば、私たちは虎を見たら、何も考えずすぐ逃げるだろう。これは反射的行動だ。原始脳が危険を察知し、激しい恐怖を感じ、アドレナリンが出て、命がけで走る。

感情（フィーリング）の大部分は原始脳で生まれる。情動（エモーション）が生じるのもこの部位だ。原始脳は「システム1思考」と結びついている。速くて、努力を必要とせず、無意識で直感的な思考が、私たちの行動や意思決定の多くを導いているのだ。

二つ目は**認知脳**で、「システム2思考」と呼ばれるものと結びついている。認知脳は、情報や状況を慎重に分析し、その結果が人の行動や反応の仕方を決定する。

私たちが何かを決めるとき、ほとんどは感情、つまりシステム1思考が後押ししている。認知脳は決定を伝えるかもしれないが、決定そのものは感情によって後押しされる。仮に消費者がある食品のラベルに「たんぱく質　6グラム」という記載を見たら、その情報はシステム2を通じて理性的に処理される。価格表示も同様に、システム2を通じて評価される。しかしここで、システム1は無意識に**「言外の意味をくみ取る」**仕事をしている。使われている言葉、書体、色、かたち、ビジュアルなどが、より深くて微妙な意味を、異なる経験をもつ私たち一人ひとりに思い起こさせ、あるいは伝え、結果として購買の判断を促すのだ。

マーケターは感情や言葉にできない側面を、理性的な側面よりもかなり強く意識すべきだ。解剖学的には、香りの情報を処理する脳の部位は記憶を蓄（たくわ）える海馬の近くにある。したがって、香りが最も強く記憶を呼び起こす。メッセージは、視覚、聴覚、味覚、嗅覚、触覚を通じて消費者に伝わる。私たちは自覚していないが、私たちの記憶には数百万ものデータポイントが蓄えられている。

マーケターが適切なビジュアル、シンボル、音楽、リズム、質感、感触、香り、風味を駆使することができれば、単なる合理的な宣伝文句よりも深く、消費者の心に共鳴するはずだ。

通常、マーケターが広告を企画する際は、静止画の広告、音声の広告、あるいは音と映像を使った広告を考えようとするだろう。どのタイプか、あるいはどのメディアを通して発信するかにかかわらず、最もインパクトの強い広告とは、システム1思考を通じて正しい関連づけがなされるもの、ひいては認知脳を必要としないほどのものだ。マーケターが、適切な無意識の連想（たとえば信用、信頼性、革新性）をキャンペーンと効果的に結びつけられれば、成果を最大化できるだろう。理性的な認知脳に訴えかける追加要素があれば、さらに素晴らしい。

従来のマーケティングで、マーケターは圧倒的にビジュアルと音に頼っていた。クオンタム・マーケティングでは、できるかぎり五感のすべてを活用する必要がある。五感をまとめて使えたら、そのインパクトはとてつもなく大きい。それが「多感覚ブランディング」そして「多感覚マーケティング」と呼ばれるものだ。

音、とりわけリズムと音楽は、脳の原始部位に働きかけ、それはすぐに意識、感情、ときには動きにまでつながっていく。さらに、消費者は、見たくないものからは目をそらせばすむが、流れている音は、それが何であれ、生物学的に聞かざるをえない（聞かないという選択ができない）。耳栓でもしていないかぎり、音は必ず人の注意を引く要素であり、心に訴えかける強力な方法でもある。

音にはさまざまな形態がある。たとえば音楽、ナレーターやキャラクターの声、環境音などだ。第5パラダイムで音を活用するうえで一つ大きな飛躍となりうるのは、「視覚的なブランドロゴやデザインシステムに相当する要素を音声の領域でつくること」だ。

これを、私たちは「ソニックブランディング」と呼ぶ。

ブランドの個性をつくり出し、差別化するためのサウンドには、さまざまなものが考えられるだろう。

マーケティングにおいてブランディングは必須要件だ。そして、ソニックブランディングはブランディング全般を強化するきわめて重要な要素であり、クオンタム・マーケティングの鍵となる要素だ。ソニックブランディングは、単に素敵なＢＧＭやジングルをつくることではない。音による包括的なブランド価値構造の創造であり、現代のマーケターがビジュアルでブランド価値構造をもっているのとほぼ同じことだ。人々が、ブランドを固有のロゴやデザインシステムと関連づけるように、マーケターは人々がすぐに認識できる音のブランドアイデンティティをつくり出す必要がある。

初期のマーケティング・パラダイムでは、ジングルが使われていた。あるメロディーとブランドとを強く関連づけるものだ。一面的なアプローチとはいえ、これは非常に有効に機能していた。多くの読者と同様に、私自身も子ども時代に聞いたさまざまなブランドのジングルをいまでも覚えている。自分が好きなブランドも嫌いなブランドもあったが、記憶に残らないものはなかったわけだ。今日のマーケターは、ジングルをはるかに超えていく必要がある。[1]

マスターカードのソニックブランディングは、ケーススタディとして有益だろう。[2]私たちは、30秒のメロディー制作を手始めに、包括的な音のブランド価値構造をつくっていった。このメロディーがソニックブランドの中核的ＤＮＡであり、音符を連ねて、何よりとても楽しいメロディーに仕上がった。当然だが、不快さにつながるようなメロディーは必要ない。

メロディーづくりの要件は以下のとおりだ。

覚えやすさ　メロディーを覚えてもらわないと、メロディーとブランドとのつながりも生まれない。

口ずさめる　人の記憶のより深いところに残る。そうすれば、呼び名は心地よくないが「イヤーワーム」［歌の一部分が心のなかで強迫的に反復される現象。直訳は「耳の虫」］が起こる。実際には、そのサウンドがとても心地よく人の心に残る。

中立的（ニュートラル）　どんな状況にも、どんなメッセージにも適合し、適切であるべきだからだ。他の立場を圧倒し、追いやってはいけない。

文化を超えた多様性　メロディーは音楽と同様にユニバーサルであり、国によって、地域によって、文化によって、その受け止められ方は異なってくる。私たちは、メロディーが文化も大陸も超えて、美しく響くことを目指した。

あらゆる音楽ジャンルに適用可能　クラシックオペラを聞く人にもエレクトロニックダンスミュージックを聞く人にも、カントリーミュージック・フェスティバルでもロックコンサートでも、メロディーが気軽に受け入れられるものであるべきだから。

あらゆる状況に適応する　熱狂渦巻(うずま)くサッカーの試合でも、美しくてメロウでロマンティックな夜でも、大音量のナイトクラブでも、厳粛で郷愁(きょうしゅう)に満ちたどこかでも、メロディーが自然に受け入れられるべきだから。

これらの点を音楽制作会社に伝えたときの彼らの表情を、私はいまでも覚えている。あっけにとられた彼らの反応こそ、まさにプライスレスだった！

それから2年におよぶミュージシャン、音楽学者、作曲家、スタジオ、複数のアーティストたちとの集中的な作業を経て、メロディーが完成した。

素晴らしいミュージシャンであり、リンキンパーク［アメリカのロックバンド］結成メンバーの一人であるマイク・シノダの言葉を借りれば、「このメロディーはシンプルかつ非常に個性的で、テンポや楽器編成を少し変えた途端に、まったく異なる文化を感じさせる」

このメロディーは、マスターカードのすべての広告で使われている。BGM的に聞こえるときもあれば、主役になることもある。あるいはマスターカードのイベントやフォーラムで流れる。マスターカードのオフィスに電話をかけると、保留音の代わりに聞こえる。着信音も制作した。文字どおり何十ものパターンもつくり、誰でもダウンロードできるようにしている。

マスターカードのメロディーは、かなりの回数のテストにかけてきた。それは神経科学の観点からその有効性を確認するためであり、「感情に訴えかける」という結果を得た。楽しい、口ずさめる、覚えやすい、そしてあらゆる状況、ジャンル、文化に簡単に応用できるものになった。つまり、世界のどの地域でも、どんな状況でも、人々はこのメロディーに親しみを感じ、好きになれる。いつどんな状況で聞こえてきても、違和感なく受け入れてもらえるものだ。

ソニックブランディングの効果を最大化する3つの戦略

「メロディー」がブランド価値構造における第1の、そして基礎的レベルである一方で、メロディーの一部を取り出したシグネチャーと呼ばれる3秒間の短縮版がある（図6参照）。「ソニックシグネチャー」の最たる例の一つはインテルのそれだ。どの広告も、最後にあの非常によく知られた音が流れて終わる。

マスターカードのソニックシグネチャーがユニークなのは、メロディーから派生したということだ。根本のメロディーと強く関連づけ、それによってソニックメロディーとの相乗効果を上げることで、マスターカードのソニックアイデンティティはより強化される。[3]

マスターカードの広告はすべて、このソニックシグネチャーが流れて終わる。これがソニックブランディングの第2レベルだ。私たちはこれが聞こえる機会をできるだけ増やそうと考えた。たとえば、会社のPC機器はすべて、起動時にソニックシグネチャーが流れる。

それから、第3レベルがある。ソニックメロディーの更なる短縮版で、尺にして1・3秒ほどだ。これは、マスターカードとの物理的な、そしてオンラインのやり取りが行われるすべてのポイントに組み込まれている。私たちはこれを「アクセプタンスサウンド」と呼ぶ。決済が完了するたびに、消費者はマスターカードの再確認音を聞くというわけだ。本書を執筆している時点で、マスターカードのアクセプタンスサウンドは世界じゅうの5000万を超える決済ポイントに導入済みで、今後もその数はどんどん増えていくだろう。

私たちは、ブランドロゴの世界的な認知獲得に向けて、これまで50年以上にわたってブランド構築の努力を重ねてきた。だからこそ、世界のどこでも、もはやマスターカードという名前が入っていなくても、ロゴは認識されるようになった。実際、私たちは2019年の初めにロゴから社名を外し、世界でも数少ない象徴的シンボルだけのブランドになったのだ。[4]

しかし、私たちのソニックブランドの認知度をそのレベルに引き上げるために、さらに50年はかけていられないし、かけることもできない。

ではどうすれば、より短期間で世界的な認知度向上を達成できるだろうか?

図6

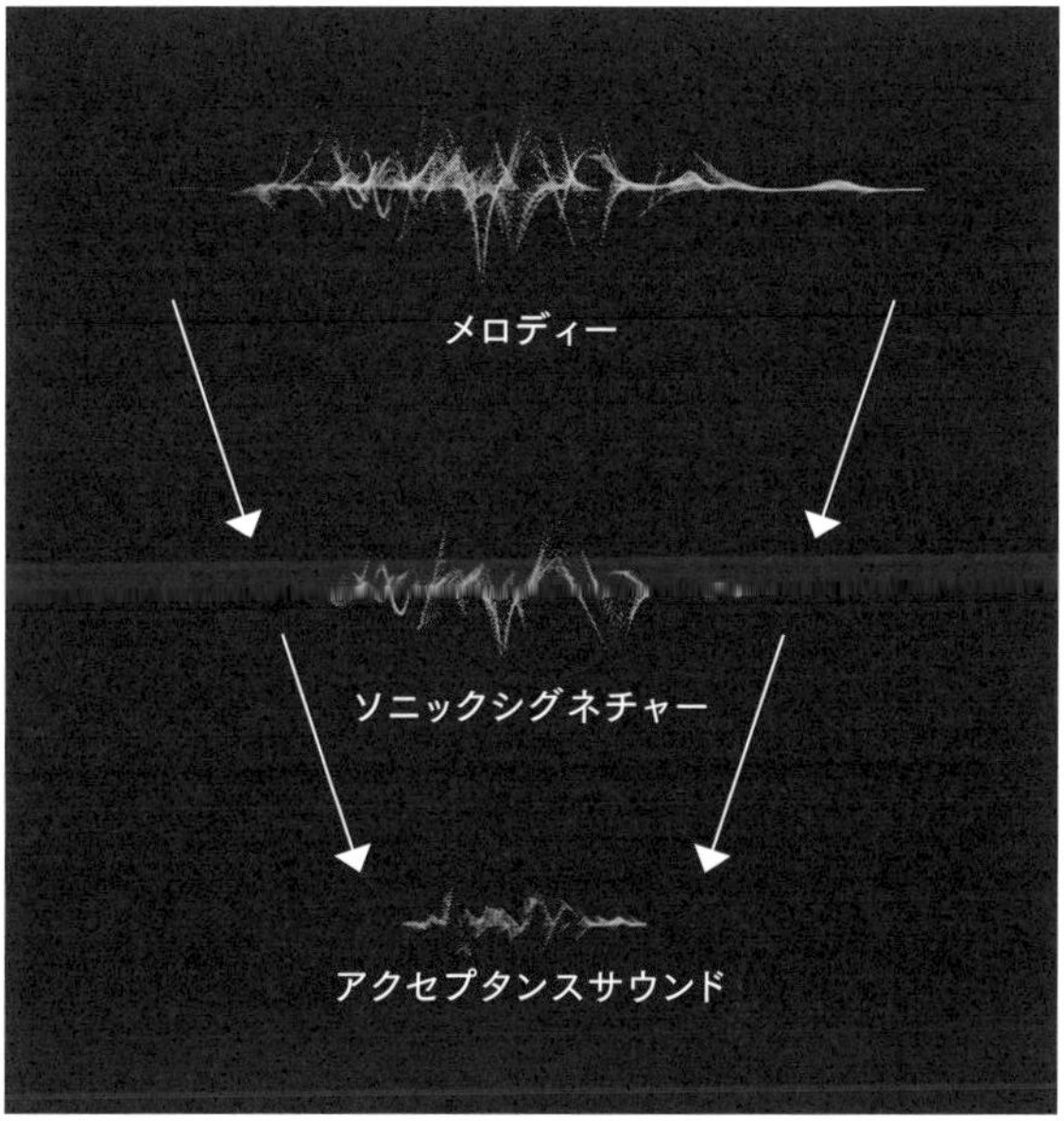

メロディー

ソニックシグネチャー

アクセプタンスサウンド

　私たちは、「3A」と呼んでいる戦略を考え出した。3Aとは、認知度（awareness）、関連性（association）、帰属（attribution）を指す。最初に、メロディーの**認知度**を上げる必要がある。そして、認知度が上がってきたら、次はマスターカードとの**関連性**をもたせる。つまり、サウンドとブランドとを関連づける作業だ。そして最後に、一定期間をかけてそれをマスターカードに正しく**帰属**させていく。

　認知度はどのように上げるべきだろうか？

　広告や映像などを通じてひたすら流しつづける、というわけにもいかない。私たちは、自分たちのオリジナル曲を制作して、そのなかにマスターカードのメロディーをさりげなく挿入することにした。ここで大事なのはさりげなく、というところだ。ある曲が、または最悪の場合すべての曲が社歌のように聞こえてしまえば、みなに引かれてしまうだろう。私たちは細心の注意を払うべきだ。曲に、ブランドのメロディーが美しく、自然に溶け込んでいる必要がある。

私たちの試行錯誤が始まった。そして2020年初頭、ついに初のポピュラーソングバムの発表も控えている。『Merry Go Round』を発表した。[5] 世界的なタレントと組んでつくったものだ。次にはフルアルバムの発表も控えている。タイトルはもちろん『Priceless（プライスレス）』だ！

ソニックブランディングを導入した最初の年末、マスターカードは何十年もブランドのサウンドを活用している数多くのブランドを抜き去って、世界のベストソニックブランドに選ばれた。[6]

クレジットカード会社が「味覚」でマーケティングをした理由

視覚と聴覚を通じたブランド戦略に加えて、マスターカードは味覚を戦略に取り入れようと作業を開始した。味覚は原始脳と密接に関係していて、消費者にすぐ影響する。ほとんどの場合、人は瞬間的に味の好き嫌いを判断する。すぐ好きにならない場合、好きになるまでには長い時間を要する。味覚は、食品や飲料品関連のブランドにとってごく自然な感覚だ。

では、マスターカードのように味覚とつなげる必然性が薄いブランドについてはどうだろうか？　たとえば、食事用プリペイドカードなど発行する手もあるのかもしれないが、賢明なやり方とは言えないだろう。

そうではなく、マスターカードはプライスレス・テーブルというプログラムを立ち上げた。1テーブルか2テーブル分の素晴らしいディナーを提供するという企画だが、一風変わった、そして想像もしないような場所にテーブルをセッティングしたのだ。たとえばマンハッタンにあるビルボードの前だったり、シカゴの博物館内に展示されている恐竜の骨格標本の脇だったり、野球場のグラウンドだったり。[7] 私たちは、消費者に素晴らしい体験を楽しんでもらえるよう、世界じゅうで数千カ所にのぼるこうした場を用意した。これはマスターカードのブランドイメージ向上に直接貢献することとなり、SNS上でも多くの会話が交わされた。

さらに、マンハッタンを含む多くの場所でレストランを開いた。そのうちいくつかについては、あえて世界じゅうの個性的なレストランを忠実に再現した。そして、店舗コンセプトの鮮度を保つため、店のテーマは頻繁に変更している。たとえば、「The Rock」と言えば、文字どおりタンザニア領ザンジバル島沖にある岩場の上に建つ、とても個性的なレストランだ。私たちはこのレストランを完璧に再現した。窓から見える風景まで含めてオリジナルと寸分違わない店をつくった。メニュー、海風、香り、そしてマスターカードのソニックメロディーを活用したBGMにいたるまで。驚くような多感覚のブランド体験を創造したのだ。

私たちの意図は、単にお金を払うだけでは手に入らない健全な多感覚体験を、マスターカードが提供することにあった。[8]

マスターカードは、フランスで最高のパティスリーである「ラデュレ」と組んで、オリジナルフレーバーのマカロンもつくった。一つはテイスト・オブ・オプティミズム（楽観主義）、もう一つはテイスト・オブ・パッション（情熱）だ。その二つを、マスターカードのロゴで使われる二色、赤と黄色で仕上げ、ラデュレの一部店舗で販売し、さらに各種イベントやカンファレンスにおいて、マスターカードの顧客にも配った。味蕾（みらい）を通じてブランド力の強化を図ったのだ。[9]

もう一つ、多感覚ブランディングの優れた事例がある。イギリスの高級車メーカーで、ジェームズ・ボンドが乗っていることで有名なアストンマーティンだ。ラグジュアリーブランドであるアストンマーティンの販売数は当然ながら限定的で、莫大なマーケティング予算が用意されているわけでもない。そのため、彼らは従来型のマーケティングに頼らず、新たな領域でブランドの価値を感じてもらう手法をとった。そのうちの一つが、ソニックブランディングを含む「知覚マーケティング」だ。

100年以上続くブランドとしては驚くべきことではないが、アストンマーティンには何十年もかけて築かれたソニックアイデンティティがあり、その中心にはあの独特のエンジン音がある。鳴り響くエギゾーストノートは、注意深く設計されたサウンドトラックだ。スロットルの絞り一つでメロウから邪悪なサウンドへと切り替わる。車が発するその他の音も、すべてエンジン音と絶妙なハーモニーを醸（かも）し出す。シートベルトの警告音、燃料の残量が少ないことを知らせるリマインダーから、ギアを入れ替える際のクリック音、シートに張ったレザーがきしむ柔らかな音まで本当にすべてだ。

ソニックアイデンティティを形成する一つひとつの音は、どれほど目立たなくても、考え抜かれたものばかりだ。シートベルト着用を促す音色を例にとれば、アストンマーティンはこの警告音をメロディアスなものにしようと考えた。強く要求するのではなく、それとなく伝えるためだ。仮に運転者が無視した場合、二度目、三度目になるにつれて、緊急性を伝えるため、より強い音に変化していく。ソニックアイデンティティの基本は、車が発するサウンドと、ブランドのビジュアルアイデンティティとを合致させることだ。そして、そのサウンドは、クラフトマンシップ、洗練、そしてブランドの個性を表し、包含（ほうがん）するものとなる。

アストンマーティンはまた、手触りと匂いの感覚を取り入れた。アストンマーティンの内装を仕上げるには100時間以上を要するが、その作業はすべて、レザーを指でなぞったときに受ける独特の触感から、その匂いまで、さまざまな知覚体験をもたらすために費やされる。レザーの匂いは非常に特徴的で、アストンマーティン・ワークス［ブランドのヘリテージ部門］がアストンマーティンのビンテージ車を修復する際には、匂いの正統性を維持するために、レザーをオリジナル品のサプライヤーから入手しているほどだ。彼らは、ブランドの宣言をあらゆる側面から忠実に、一貫して守りつづけることにひたすら打ちこんでいる。

アストンマーティンでマーケティングおよびブランド戦略のディレクターを務めるゲルハル

ト・フーリエは、「ブランドのアイデンティティは、何十年もかけて培ってきたものです。私たちがマーケティングの新領域に足を踏み入れるときでも、ブランドのエッセンスを維持することは何より重要です。そして、そのためにはどんな苦労も惜しみません」と語っている。

他にも、数多くの企業が、まだ始まったばかりとはいえ、多感覚ブランディングを追求している。ホテルチェーン、中でもマリオットは、ブランディングキャンペーンの一環として長年にわたり「signature scents（独特の芳香）」を使用している。[10]同様のアプローチは多くの小売店でも取り入れられており、香りを使って人の記憶やふるまいに直結している脳の辺縁系に影響を与えることを意図している。

ナイキは、店舗に芳香を加えると顧客の購入意欲が最大で80%向上することを発見した。また、同様の報告書によれば、イギリスのコンビニを併設するガソリンスタンドでは、空気中にコーヒーの匂いが漂っていると、売り上げが３００%増えたという。[11]

しかし、これをソニックブランディングと混同してはならない。単に香りを加えて消費者体験を強化し、脳を刺激し、感情を引き起こすだけなら、知覚ブランディングとは呼ばない。知覚を刺激したにすぎないのだ。

知覚ブランディングとは、音、匂い、味、手触りといった感覚がすべてそのブランド特有かつ消費者から認識可能で、ブランドと独自の関係性ができていることを言う。そうして、複数の知覚を通じてブランドアイデンティティ全体を築くことだ。

多感覚ブランディングは、すべての知覚を通じて、消費者の関心を引き、信頼性と説得力をもった、押しつけがましくない方法で絆を結ぶことであり、それによって多くの競合がひしめく市場で独自の存在感を築き、消費者の心に触れることである。

第9章のまとめ

↓マーケターは、競合のひしめく市場環境で存在感を築き、五感のすべてを通じて消費者と絆をつくる必要がある。

↓視覚空間を備えていないスマートスピーカー、IoT、ウェアラブル端末の世界で、ブランドは音で目立つ必要がある。

↓ソニックブランディングは、単なるジングルや記憶術ではない。明確な構造をもつブランドアイデンティティだ。

↓多感覚マーケティングは、クオンタム・マーケティングの非常に重要な基本概念である。

第10章

ロイヤルティの変質
～「浮気」をしてしまうのは人間のさが？～

先日、ＢＢＣのある記事を読んでいて、私は思わず座りなおした。記事によれば、男性の75％、女性の68％が恋愛関係の最中になんらかのかたちで浮気をしたことがあるのだという。[1]私は30％ぐらいではないかと思っていた。多くてもせいぜい50％だろうと。それにしても、75％？

この領域に関する調査はあまり多くないようだ。そして、浮気の比率も、調査によって30％から60％までばらつきがあった。さらに、いくつかの調査では結婚生活が離婚で終わる割合が50％から60％という結果も出ていた。こうした数字は、世界じゅうでほぼ共通のようだ。その後に深刻な結末が待ち受けるかもしれないとわかっているはずなのに、結局のところ、結婚する際には真剣な愛を誓い、人は「死が二人を分かつまで」の忠誠を誓うのだ。あるケースでは、最高権威者たる神が婚姻の立会い者となり、別のケースでは、マントラを唱えることで婚姻が許される。

人は、婚姻関係外での不倫が大きな代償を伴うことを承知している。自分の社会的評判が悪くなるだけでなく、相当の経済的損失も起こりうる。当事者や周りの人たちは、心に深い傷を受けるに違いない。不義の代償は計り知れない。

それでも、それらがすべてわかっていても、大半の人たちは忠誠を守りつづけられない。人類には、忠誠を守らないという生来の気質でも備わっているのだろうか？

別の質問をしよう。もしも人は誓い合った関係にすら忠誠を尽くさないのであれば、消費者に忠誠心（ロイヤルティ）を求める私たちマーケターや事業者たちは、非現実的なのだろうか？　人が私生活で忠実でないのなら、「ブランドへのロイヤルティを創出したい」という私たちの思いは空想なのだろうか？　結局のところ、人々の暮らしに関するかぎり、私たちブランドは彼らのなかでは最も関心をもたれにくいところにいる。

論点がずれてしまったか？　私たちマーケターは、ロイヤルティについて再考すべきか？

ロイヤルティとは何か？

まずは最も基本的な部分から始めよう。ロイヤルティとは何か？

ウェブスター辞典によれば、**loyalty** は、「拒絶、放棄、背信への誘惑に直面しても固く忠誠を守る」といった意味をもつ。同義語には「piety」「fidelity」「allegiance」「fealty」「devotion」などがある。

一般的な言い回しでは、これらの単語はどれも互いに入れ替えはほぼ可能で、かなり似た意味をもっているが、それぞれのもつニュアンスは、ロイヤルティの概念全体を美しく浮き彫りにしている。

「piety」とは、何かに対する忠誠という意味で、それは誓約によって、あるいは責務として縛られる。「fidelity」は義務、信頼、責務に対する厳格かつ継続的な忠誠を含意する。「allegiance」は、国に対する国民の、というような場合の支持を意味する。「fealty」は、個人的な忠誠の意味をもち、「宣誓した」と同等の重みをもつ。「devotion」では、自己献身と言えるような熱意、奉仕の側面が強調される。

まとめると、これらの言葉は「人の、誰かあるいは何かに対する、熱心で献身的で揺るぎのない関係性」を意味している。たとえば、自分の住む都市に忠誠心をもつ人が、コンサートで歌手がその都市名を叫んでくれたことにうれしくなって自分も大声で叫ぶ、ということはあるかもしれない。しかし、だからと言って、同じ人が引っ越した先の別の都市を「我が街」と呼んでも構わないはずだ。新たに移り住んだ都市の熱心な支持者になるかもしれない。同様に、都市よりも自分の国に対してより強い思いをもつ人たちも多いだろう。あるいは、よりよい機会を求めて海外へ移住し、国籍を取得して新たな一体感や忠誠心を育む人だっているだろう。

人は、それぞれの生活に応じて、ある側面に他よりも強力な帰属、忠義、忠誠意識をもっている。たとえば、特定のスポーツチームや政党、重視する理念に対して、熱烈な想いを抱く人たちがいる。本質的に、これらの感情は情熱だ。一人の人間が、音楽、スポーツ、慈善活動、アート、カルチャーなど複数の領域にまたがって情熱を傾けることもある。強い関心を寄せているこれらの領域すべてについて、彼らは所属意識や忠誠心を見せるのだ。そして、それらは完全な自由意志による。忠誠心を向ける先が変わったとしても、批判されるようなことはほとんどないだろう。

さて、婚姻に話を戻そう。婚姻関係や恋愛関係は自由意志で始めるものだが、一方で、その関係には責任が伴うと考えられる。通常、婚姻や恋愛においては、それと競合する別の機会がどれほど現れようとも、相互に独占的な関係が求められる。スポーツのような領域では、特定のチームに忠実なファンが、同時に複数のスポーツ、複数のチームを追いかけることがある。暗黙的に、あるいは心情的に排他性が要求されることはない。ところが、婚姻関係については違うのだ。

ここである仮説が立てられる。人間は一つのことだけに忠誠心をもつわけではない。そして、後に述べるように、忠誠心には興味深い階層（ヒエラルキー）が存在する。

ブランドの関係者は、このことを考えてみるべきだろう。本章の初めに触れたが、もしも人が配偶者に忠誠心をもたないとすれば、なぜ彼らが私たちのブランドには忠誠心をもつと言えるのか、考えるべきではないだろうか？

面白いことに、消費者は、さまざまなカテゴリーにまたがって、平均15ものロイヤルティプログラムに登録している。ところが、実際に活用されているのは、そのうちわずか25%しかない。そして、「自分はブランドに忠誠心をもっている」と考える消費者は、22%しかいない。75%もの人が人間関係で裏切り行為に走るのとほぼ同じ比率で、人はブランドも裏切る。[2]

これは、ロイヤルティプラットフォームやプログラムが無駄だということを意味するのか？まったくそうではない。実際にはむしろ逆だ。忠誠心を失わせる何らかの要因があるのだから、競合商品を買っている消費者をこちら側に取り返すことは可能だ。同様に、ブランドはあらゆる重要局面で消費者を失うリスクを抱えている。たとえ、その消費者が長い期間にわたってそのブランドを支持していたとしてもだ。

ロイヤルティプログラムは、消費者が選択を行うすべての局面で重要な役割を果たすべく、進化しつづけなければならない。そしてその間、つねに消費者の意識に目をこらし、そこから得たインサイトを活用しつづけるべきなのだ。

ロイヤルティプログラムについては、「消費者を獲得し、維持する考え方」から、「一つひとつの販売機会で勝利し、前回の勝利を足掛かりにして次へ臨むやり方」へと発展させなければならない。目標は、自社ブランドが「選ばれる確率を上げる」ことだ。消費者は、自分が一つのブランドに偏っていても気にしないが、手近なところに別の誘惑や機会が転がっていれば、すぐに脇道へも逸(そ)れるだろう。

たとえば、店舗でのロイヤルティプログラムを見てみよう。ある消費者がコストコの会員だからといって、クローガー［アメリカの大手食品スーパー］が発行するロイヤルティカードをもっていないことにはならないし、アマゾンプライムに登録して食品を購入していないともかぎらない。ブランドに対する一定程度のロイヤルティを獲得することに意義はあるが、相手を占有することを望み、期待し、実行することに合理性はない。

実際、「ブランドロイヤルティ」と聞くと、私は1960年代から70年代にかけてアメリカ、インド、ヨーロッパなどに存在していたヒッピーコミューンを想起する。そこで暮らすべての住人と指導者(グル)たちにとっては、性の解放とあらゆるライフスタイルに対するコミットメントの否定、それがすべてだった。そして、彼らはまさにそれを実践した。コミットメントの否定とは、どの時点のいかなる人間関係にも条件や責任が伴わない、ということだ。第5パラダイムにおける現代の消費者とそっくりではないか。

あらゆる選択肢を試し放題なのに、なぜ忠誠を守る必要があるだろうか？

別の角度から考えてみよう。私たちはよく、「お客様は王様、女王様」という言い方をする。私たちの給料を出してくれるのが顧客である以上、これは正しい考え方だ。多くのブランドも、長年この考え方を受け入れてきた。だからこそ、自信をもって「お客様は王様です」とか「お客様がつねに正しい！」などと宣言してきたのだ。

しかし、顧客が王様や女王様だとしたら、いったい誰が誰に忠実であるべきなのだろう？王様が臣下に忠実になるのか、臣下が王様への忠誠を求められるのか？『ゲーム・オブ・スローンズ』［テレビドラマシリーズ］のセリフを借りれば、「屈従する（bend the knee）」のはつねに臣下（ブランド）だ。そのためには、私たちマーケターや企業はロイヤルティへの取り組み方を再考しなければならない。

クオンタム・マーケティングにおけるロイヤルティへの新たなアプローチについて考える前に、ここまでの話をまとめよう。

↓自社ブランドだけを選ばせようとするのは、非現実的な願望である。

↓ブランドや企業は、自分たちに対して忠誠心を求めるのは消費者の側であって、逆ではないということを認識すべきである。

↓マーケターは、正しいロイヤルティの法則や消費者との健全な関係について理解する必要がある。

その人はどの「階層」にいる？

ここまでいろいろと述べてきたのは、ブランドがブランドエクイティプログラム［ブランドの資産価値を高めるための取り組み］を放棄し、すぐに徹底的なディスカウントやプライベートブランド構築を進めるべきだと言いたいからではない。まったく違う。私たちは、マーケティングを通じてより高価値で高価格の買い物をしてもらえる。

まず、私が呼ぶところの「ロイヤルティの階層」について説明しよう（図7参照）。

ロイヤルティは、連続的な4つのコミットメント階層で発現する。

1 「目的」意識または理念の階層 これはコミットメントの最上層にある。気候変動、教育、所得の均等、医学研究といった理念を支持したい消費者は、利己的な動機や見返りへの期待を超えて努力する。彼らはこうした理念を大切にし、全面的に支持する。そしてその目的や理念を追求しつづける。

2 「情熱」の階層 どこかのスポーツイベントへ出かけてみれば、情熱が原動力となっている様子を目にすることができる。あるスポーツやチームのファンになり、文字どおり熱狂している。彼らは支持の意思を示し、熱心なファンでありつづける。目的意識が駆動するロイヤルティと同様、これも一方的な関係だ。ある個人が特定スポーツチームの大ファンになっても、チーム関係者たちはその人の存在すら知らない。そしてこのファンにとって、それは問題ではない。ファンは堂々とチームカラーやロゴを身に着ける。そのことに誇りと多少の一体感をもっている。

3　人間「関係」の階層　人間関係において、両当事者ははっきりと、もしくはそれとなく相手にコミットする。コミットメントだけでなく、多くの場合は互いに期待し合う。最初の2階層は比較的生涯にわたる交流であるのに対して、人間関係は流動的で、その度合いもかなり大きく変化する。

4　「商売」の階層　これがコミットメントの最下層で、最も取引に直結している。ここでは価値が交換される。消費者が何かを得て対価を支払うか、何かをやってその見返りを受け取る。消費者がその価値交換に魅力や公正性を感じるかぎり、彼らはブランドとつながりつづけるだろう。しかし、彼らは他の可能性に対してもつねにオープンで、簡単にそちらの道へも逸れていく。インセンティブやリワードを提供して消費者をつなぎとめようとする企業は、それが忠誠心をつくると誤解している！

図7

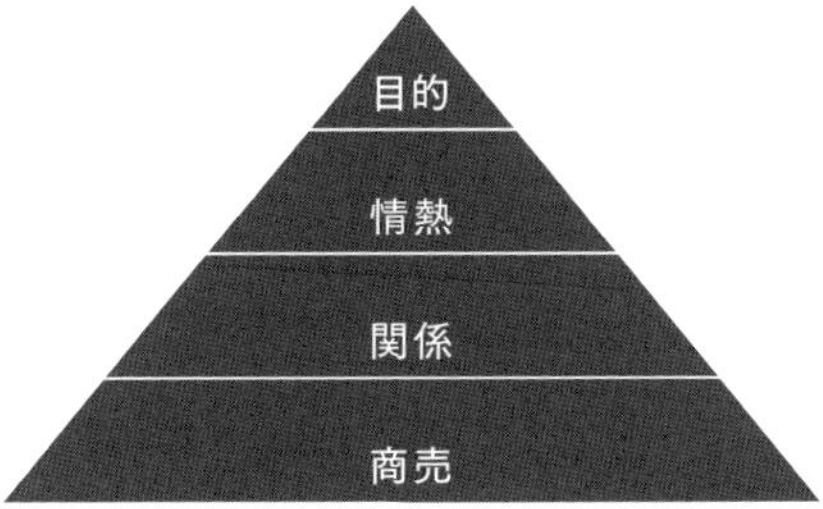

目的
情熱
関係
商売

量子同様、結合が大事

第5パラダイムにおいて、マーケターは従来型の長期ロイヤルティプログラムを、より効果の高い**「アフィニティプログラム」**へと進化させる必要がある。**アフィニティ**とは、「化学結合を起こしてその状態を保つ、物質または粒子同士の親和力」と定義される。これは量子化学（クオンタム・ケミストリー）の定義にかなり近いが、偶然の一致ではない。

ここからは、第5パラダイムでのブランドケミストリーについて考えていく。

これはブランドが構築を目指すべきもの、すなわち親和力、その時々でブランドと消費者を一体化させる相性（ケミストリー）を完璧に言いあてている。親和力が衰えた瞬間、婚姻関係と同様に、しかしもっと早く、両者は離れていく。

ブランドケミストリーのための6箇条

■①ロイヤルティの全階層に取り組もう

4階層（目的、情熱、関係、商売）それぞれの要素を、マーケティング戦略やマーケティングミックスに取り入れよう。つまり、消費者のマインドセットをできるだけ詳細に理解する、ということだ。どんな理念を大切にしているのか（目的）、何のファンなのか（情熱）、家族や社会的なネットワークは（関係）、購買行動は（商売）、といった観点が求められる。4階層すべてを、同時に取り入れなければならない。

1　目的　ある消費者が環境保護に熱心だとしたら、マーケティングミックスに環境要素を取り入れよう。マーケターは、環境にやさしい商品やパッケージを提供する、収益のごく一部を環境保護活動に寄付する、商品のパッケージをリサイクルに出したら割引を行う、などが考えられる。

2　情熱　ある消費者がゴルフ好きなら、少なくともゴルフに関するイメージを広告に盛り込むか、ゴルフ専門メディアを使ってメッセージを流す、といったことは考えられる。この例で言えば、マーケターは、たとえ自社製品がゴルフと無関係だとしても、ゴルフに関連するメリットを提示すべきだろう。ゴルフイベントへの招待、プロゴルファーとの懇親、ゴルファーのサイン入り記念品進呈、などだ。

3　関係　家族構成（単身か家族がいるか、子どもがいるかその子は独立しているか）、社会的ネットワーク（人は共通の関心事をもつ集団とつながろうとするので、マーケターは消費者がどんな人に影響を受けているか、どんな人に影響を与える可能性があるかを知ることができる）、乗り換え傾向（ブランド背信スコアと名づけよう）など。これらは、商品構成、値引きの設定、コミュニケーション形態、コンテンツ、メディアチャネルなどを考えるマーケターにとって貴重な情報となる。

4　商売　消費者は、「より付加価値が高いものを手に入れたい」と考える。別のブランドに乗り換えるときの、またはいまのブランドを使いつづけるための決め手として、割引を求める人も多くいる。それぞれの消費者は、ある程度の価格弾力性をもっている。つまり、一定のポイントまでなら、価格にかかわらず購入する意思がある、ということだ。

しかし、**プライスポイント**［プライスラインの中で販売の主力となる価格、売れ筋価格］が変われば、消費者の需要や選択意向に影響が及ぶ。マーケターが価格戦略やプロモーション戦略を考える際は、つねに消費者から選ばれるようにそうした要素を考える必要がある。

■②コンテクスチュアル・プリファレンス・マネジメント（CPM）プラットフォームを開発しよう

CPMによって、マーケターはすべてのロイヤルティ階層を取り入れ、消費者とマーケターの双方にとって有意義かつ価値ある一貫した計画をまとめることができる。

■③購買データや位置情報など、消費者のリアルタイム情報にアクセスしよう

CPMがあれば、次回の最適なオファーやコミュニケーションを、いつ、そして具体的にどこで行うべきか判断できる。

■④コンテクストコミュニケーションを大切にしよう

顧客エンゲージメントを、購買の前、途中、後に築こう。これは、端的に言えばリアルタイムのカスタマーリレーションシップマネジメント（CRM）を極端にしたものだ。鍵は、消費者に毎回選ばれることだ。それも一度かぎりではなく。すべての取引機会で消費者から選択されるために、マーケターは各取引が行われた時点の状況、すなわち場所、流れ、動機を把握する必要がある。目標は、訴えかけ、説得し、満足してもらい、それらを繰り返すことだ。

■⑤既存のロイヤルティプログラムを活用しよう

そうすることで、マーケターは消費者の心に、ブランドに対する好意的な意識を育みつづけている。こうしたロイヤルティプログラムは、消費者にブランドとの関係を継続する具体的な理由と気持ちのよりどころを提供するものだ。そこで支払う金額の大小にかかわらず、消費者は魅力的なオプションがあるという事実を好ましく受け止めている。

それはまるで保険証券をもっているようなものだ。消費者はそれを使うかもしれないし、使わないかもしれない。しかし、もっておくことで安心し、満足する。

■⑥消費者に喜んでもらおう

消費者の心をつかむための最も有効な方法は、購入から使用、再訪、再購入までの購買サイクル全体を通して、消費者に直感的で楽しい経験を提供することだ。

クオンタム・マーケティングでは、これまで行われてきたロイヤルティマネジメントを、好印象を与えるプログラムづくりや、喜んでもらえるCXの提供などを通じて、永続的なプリファレンス・マネジメントのプラットフォームへと変換しなければならない。これらに同時に取り組むことで、消費者の心を引きつけつつ引き留める必要がある。こうした活動のすべてがブランドと関連していれば、ブランドアフィニティが生まれ、育まれる。

図8

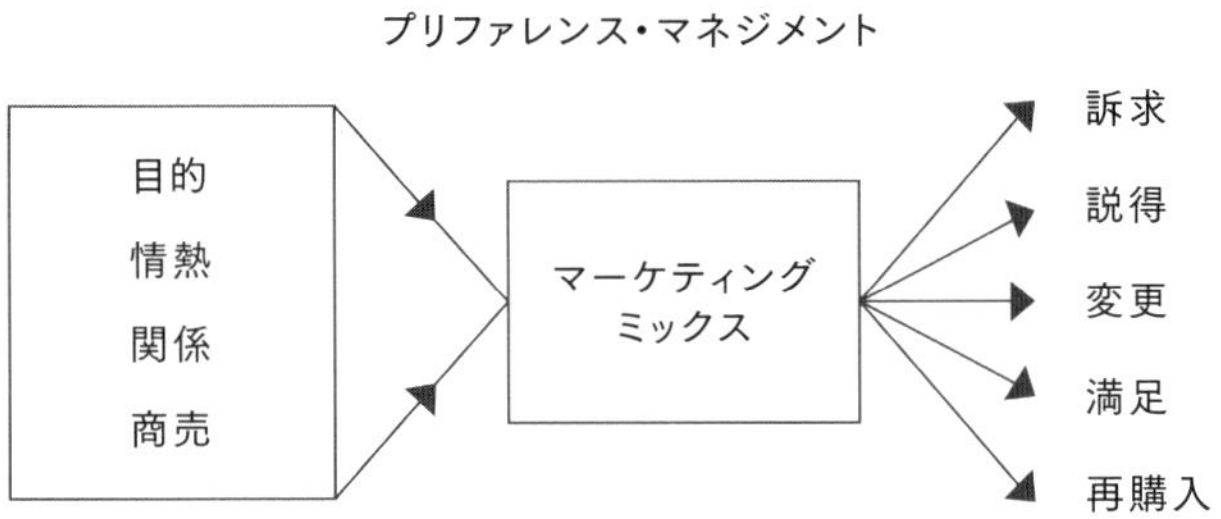

プリファレンス・マネジメント

目的
情熱
関係
商売

マーケティング
ミックス

訴求
説得
変更
満足
再購入

ブランドに関するあらゆることが消費者にツイートされる現在の世界では、彼らに自社ブランドだけを何年も使いつづけてもらおうと考えることは非現実的だ。

これはつまり、マーケターが、状況、体験、感情といった要素を通じて、プリファレンス・マネジメントのアートと科学を融合させた体系的プログラムやプラットフォームを構築しなければならない、ということを意味している（図8参照）。

親和性、ケミストリー、文脈、意義、体験。これらを私に提示してくれたら、あなた方にとって利益ある成長と継続的なシェア拡大を提供しよう。クオンタムな未来においては、これらのことがブランドを正しい方向へと動かす鍵となるだろう。

第10章のまとめ

↓どうやら大半の人たちが自分の結婚や恋愛関係に忠誠心をもっていない。だとすれば、なぜ人は少しでもブランドに忠誠心をもてるのか、マーケターはその理由を考えなければいけない。

↓ブランドとしては、相手に忠誠心を求めるのは消費者の側であって、その逆ではないという認識が必要だ。

↓マーケターは、第5パラダイムでのロイヤルティ戦略を全面的に見直すべきだ。

↓ロイヤルティは、連続的な4つのコミットメント階層で発現する。マーケターはそれらすべてを理解し、アフィニティ戦略に取り入れる必要がある。

↓マーケターには、全4階層を消費者とマーケターの双方にとって意義と価値のある一貫したプランに取り入れるコンテクスチュアル・プリファレンス・マネジメント（CPM）のプラットフォーム開発が求められる。

第11章

広告は、死んだ！

人々の生活スタイルに、何か重大な変化が起こりつつあるようだ。誰もが多種多様なスクリーンを所有し、没頭しつづけている。タブレット、スマートフォン、電子書籍リーダー、そしてもちろん、あの古くて頼もしいテレビや映画館もだ。

私たちはそこで映像を見て、チャットをして、読書をして、メールを送って、ゲームで遊んで、新しいことを学んでいる。全体として、怒涛のごとく押し寄せるコンテンツのなかには、膨大な数の広告メッセージが含まれている。すべてのスクリーンに情報があふれ、そのどれもが視聴者の注意力を奪い合い、結果として私たちの集中力は散漫になる。そのために脳の生理的機能は変化し、集中力が続かなくなった。今日、人の集中力が続く時間は、平均して金魚の集中力よりもやや短い8秒未満になってしまった[1]！

一人が一日に受ける広告メッセージの数は、平均すると、3000から5000のあいだのどこかだという[2]。しかも毎日！

これは天文学的な規模の情報過多であり、もはや人がそれらを処理することは不可能だ。つまり、マーケターは、毎日3000から5000にのぼるメッセージ群と競って消費者の関心をこちらに引き寄せ、その他大勢から抜け出すべく、自社のブランドや商品やサービスについて説明し、気に入ってもらい、選んでもらわなければならない。

何とも過酷な戦いではないか！

さらに、事態をより複雑にする要素がいくつかある。

日々の暮らしにおいて、人はスムーズで途切れず、中断もされない体験を望んでいる。余計な干渉はされたくない。遮られたくない。面白い映画を、連続ドラマを、ニュース番組を、あるいは猫の動画を見ているときに、突然つまらない広告が強引に割って入り、それまで浸っていた別世界がぶち壊されてしまうなんて。

誰だってこうした侵入はいやなものだが、同時にそれらの広告を我慢しているようでもある。無料の情報、無料のエンタテインメント、その他さまざまな無料コンテンツを求めているからだ。しかし、この世界に無料で終わるものなどない。私たちは、自分が求めるエンタテインメントや情報と引き換えに「注意力」を差し出している。言い換えれば、注意力は通貨なのだ。

こうした頭痛の種に、消費者はどう対処しているのだろうか？

多くの場合、人は広告タイムになるとトイレに行ったり、メールをしたり、その他のことに意識を向けたりしている。

人は、必要に迫られてどんどん賢くなっていく。そして広告ブロッカーが開発された。それを起動すると、スクリーンに広告が表示されなくなる。別の言い方をすれば、マーケターは、少なくとも特定のスクリーンにおいて、自分の視聴者を完全に失った、あるいは完全にブロックされたのだ。こうした広告ブロッカーはめずらしくもないし、技術オタクだけに知られたものでもない。現在、広告ブロッカーのソフトウェアを利用している消費者は、6億人から20億人のあいだと推計される。[3] マーケターは、これらの人々に対して、少なくとも広告ブロッカーがインストールされたスクリーンからのアプローチはできなくなった。

20億人、つまり**地球上の人口の約4分の1**だ。[4] しかもこの数字は毎年増加している。

消費者のペインポイントに気づいた携帯電話メーカー各社、なかでもアジアのメーカーが、これを有効に解決する手立てとしてブラウザー上で広告ブロッカーのアプリをダウンロードできるようにした。[5] これで、スマートフォンを購入した人は、広告ブロッカーさえ起動すればマーケターを締め出せるようになったのだ。

さらに別の要素も加わる。消費者は、一切の広告が入らない、まっとうなスクリーン環境への移行を望んでいる。広告なしの視聴体験を確保するため、彼らは注意力を差し出す代わりにお金を払うことにした。

たとえば、オンラインとオフラインのどちらでも広告が出てこない、スムーズでシームレスな視聴体験を手に入れたい人は、ユーチューブプレミアムを月12ドルで契約できる。同様にHulu(フールー)にも広告なしのプレミアムサービスがある。こちらもかなりの契約数を誇(ほこ)っている。消費者は、ネットフリックス、アマゾンプライムや多くの小規模プラットフォームが提供する広告なし動画配信サービスにも大勢加入している。消費者にとっては、これこそ純粋に広告なしの天国だ！　私にとっては、広告に邪魔され、攻めたてられる地獄からの解放だ！　私自身の話をすれば、ミュージックビデオを見ているとき、曲の途中で広告に割り込まれた経験が何度もある。一消費者として言えば、私はこれが嫌いだ！　これまで何度もこうした状況にいら立ち、プラットフォームを解約したり、広告を排除できる有料サービスを探したりしてきた。ごく一般的な人間として、私は広告ブロッカーを歓迎するし、あのしつこいマーケターたちを追い払うための広告なし環境にならば、お金を払ってもかまわない。

すべてのマーケターにとって、これはまさに悪夢だろう。マーケターは、伝統的な広告モデルを変えるべき時期にきていることを認識すべきだ。多くの消費者が進んでお金を払ってまで広告のない環境を手に入れ、広告ブロッカーを起動する意思を示したのだから。この潮流を無視して、古い、伝統的な広告手法にしがみついたままで、どうしていられよう？

挑発的な意味を込めて、私は自分のチームメンバーに、「もう広告は死んだ」と言いつづけている。まあ、完全に死んだわけではないが、いまの状況を見れば、死へ向かって一直線に進んでいることは間違いない。

消費者との新たな絆の結び方

まず、消費者を引きつけ、彼らと絆を結ぶための、これまでとは違うやり方を考えよう。

非常に有効な手法の一つは、古きよき口コミだ。マーケターは、人々に自社のブランドや商品について語ってほしい。これは目新しいことではない。商品、サービス、ブランドからのメッセージを広めるために口コミを使う広報活動は、最も当てになるし、安心できて信頼の置ける、効果的な手法の一つだと考えられている。その根本原理はいまも有効だ。ある意味で、それはほとんど『バック・トゥ・ザ・フューチャー』と言える。ある人の周囲にいる知り合い、あるいはネット上の知り合いが、その人の話を聞きたがっているのだから、コミュニケーションは遮断されない。口コミのポイントは、ブランドのセールスパーソン、アンバサダー、後援者、賛同者として話をする人が、もうけ主義的な態度を見せない、ということだ。

主な課題は、どうすれば経済的に、かつ大規模に口コミを実行できるかだ。

ここで私は、クオンタム・エクスペリエンシャル・マーケティング（QEM）を推奨したい。エクスペリエンシャル・マーケティング［商品やサービスなどを実際に体験してもらうマーケティング手法］自体は新しくない。これまで何十年にもわたって効果的に実践されてきた。

しかし、QEMが目指すのは物理的体験とデジタル体験を組み合わせた施策であり、従来型のコミュニケーション、デジタル・コミュニケーション、ソーシャル・コミュニケーションなどを組み合わせて行うものだ。これはブランド差別化、カスタマーエンゲージメント、プリフアレンス・マネジメントの効果を発揮させるうえで大変強力な手法になるだろう。

広告主導型のマーケティングからエクスペリエンシャル・マーケティングへの移行を、私はストーリーの伝承から「ストーリーづくり」へ、と言い換えたい。

このアプローチでは、最初に影響力をもつ消費者、オピニオンリーダー、**「プロシューマー」**（新商品の企画開発にかかわる、あるいは意見を提供する見込み客）などへ働きかける。彼らの興味を引き、固有の体験を通じて彼らの心をつかむ。こうした体験は完璧に演出されたもので、彼らの気持ちに長く印象づけられなければならない。そうすれば、彼らが自分の体験を他人に話したい気持ちは非常に強くなる。ブランドがこの体験を可能にしたということが、さりげなく、信頼できる、適切な方法でストーリーに織り込まれるのだ。

そうしたら、ストーリーを拡散させよう。

ここで大きな疑問が湧く。そもそも人は、自分の友人、親戚、知人にブランドの話などするものだろうか？　答えは、はっきりと「イエス」だ！　ポジティブであれネガティブであれ、ブランドに関する会話はビジネスの文脈だけで交わされるのではなく、SNSへの投稿にも日々見られる。たとえば、インスタグラムユーザーの92％が、ブランドかブランド関連のアカウントをフォローしているという調査結果がある。[6]

実際に、影響力のある投稿一つで、ブランドは一夜にして補強も破壊もされるのだ！

あるブランドを選ぶ、あるいは好きになる人のうち74％が、ブランドや商品の使用経験をもつ知り合いのおすすめを根拠にするという調査結果もある。[7]

また、口コミは人の社会的ネットワーク外でも有効に機能する。アマゾンやWalmart.comに掲載されている他人のコメント、あるいはウーバーやリフト［アメリカの自動車配車サービス］のドライバーに対する評価（レーティング）などがそうだ。

QEMは、効果的に実施し、マネジメントできれば、どんなブランドや商品の選好度や購買意欲を高めるうえでも大変重要なチャネルになる。

いくつか留意点を挙げておく。

1．ここで得られる体験は、独自性や独創性といった観点において際立ったものでなければならない。必ずしも豪華さや価格の高さが重要なわけではない。そして消費者と、ブランドやカテゴリーとの関連性が強く、説得力をもっていなければならない。

2．プロシューマー、インフルエンサー、オピニオンリーダーにターゲットを定めて体験を促そう。

3. 消費者に強い印象と長期記憶を残してもらうために、完璧でシームレスかつ強烈な体験を提供することはきわめて重要だ。

4. 体験全体を通じて、ブランドとの関連づけはあくまで自然に、強制せずに行う必要がある。消費者が、よかった体験とそれを体験可能にしたブランドとの関連性を強く意識できなければならない。どれほど素晴らしい体験を実現できても、マーケターの観点からは、それがブランドと適切に関連づけられなければ無意味だ。

5. 消費者が体験やストーリーを自分自身のチャネルから発信できるように、やんわりと促そう。つまらない体験で終わった消費者は、そのぶんきつい調子で発信しがちになることに注意。ポイント3をあらためて参照してほしい。

6. テレビやラジオなどの従来のメディア、デジタルサービス、SNSの各メディアチャネルを通じて、適正な範囲にストーリーを拡散させること。

7. 体験はなるべく大きな規模に広げられることが重要だ。少人数が一度しか体験できないようなめずらしい施策もあるが、それはほんの数人だけが体験できる高価な芸術作品をつくったようなものだ。連鎖（デイジーチェーン）はそこで終わってしまい、意味がない。

8. 提供する体験を、経済的に採算が取れて継続可能な内容にすること。

これらのうちポイント3、7、8が最も達成困難だが、成否を分ける最大の要素でもある。

すでにエアビーアンドビー、レクサス、ウォール・ストリート・ジャーナル、その他多くの企業が、消費者が関心を寄せている領域での体験を組み立ててエクスペリエンシャル・マーケティングの導入を果たし、効果を上げている。

エアビーアンドビーは、消費者が閉館後のルーヴル美術館に入館し、ゆっくりと鑑賞して回れるという体験を提供した。レオナルド・ダ・ヴィンチの『モナ・リザ』の前に座って食事ができるのだ。[8] 本当に『モナ・リザ』と食事ができるとは！　なんと素晴らしいことだろう！　さらに、食事が済んだ後は、美術館の前にあるガラスのピラミッド内に特別にしつらえた寝室で、プライバシーを守られつつ、星空を眺めながら一夜をすごせるのだ。すべてを体験した消費者は度肝を抜かれたことだろう。もちろん、彼らの体験は記録として残すため、すべて写真撮影されている。彼らは、体験からの帰り道、あるいは帰宅後に、いったい何をするだろうか？　みんなに話して回りたい気持ちを我慢するだろうか？　SNSへの投稿を控えるだろうか？　そして、もしも誰かが、そのすごい体験を「どうやって手に入れたのか」聞いたら、彼らはどのように答えるだろうか？

これは最高の体験であり、しかもエアビーアンドビーにうまくつながっている。旅行者向けに宿泊サービスを提供するのが彼らの事業なのだから。この魅力あふれる体験を通じて、彼らは消費者の注目を集め、ブランドの評価を高めた。そして人々の心に強い印象を残し、競合ブランドのなかでも際立つ存在となったのだ。

もう一つの事例はマスターカードだ。「プライスレス」を体験のプラットフォームに落とし込み、従来型の広告から大きく方向を転換させた。広告キャンペーンのプライスレスが、まさにお金では買えない体験、しかもマスターカードだけに実現可能な体験へと変貌したのだ。この体験では、プライスレスが具体的なかたちをもった。そして前記の原則はいずれも精巧に取り入れられた。

結果、ブランドとそのビジネスに貢献しただろうか？　もちろん！

ブランド力はどんどん強くなり、ほんの数年前には87位だったグローバルブランドのランキングで、トップ10入りを果たしたのだ。[9] マスターカードは世界各地で数千にのぼる体験を考案している。それらはいわば常時回転しつづける体験型マーケティングのエンジンなのだ！

ブランドのカテゴリーと、カテゴリーに関連する体験との直接的なつながりが簡単に視覚化できる場合もあれば、比較的難しい場合もあるだろう。そして、そこにこそ創造性が求められる。ＱＥＭを導入し、完璧に実践できるブランドは、他者からすぐに真似されない強みの

「堀」に守られる。

広告の世界におけるもう一つの重要な要素、エージェンシー。第5パラダイムが迫り、彼らは構造的な大変動のただ中にいる。なかにはエージェンシー業務のすべて、あるいは一部を内製化した会社もある。

デロイトやアクセンチュアといったコンサルティング会社は、エージェンシーの伝統的な事業領域に手を伸ばしている。独立系のエージェンシーを買収して機能を強化し、コンサルティングから広告代理業まで幅広いサービスを提供するようになったのだ。さらに、フルフィルメントサービス［通販やＥコマースで発生する作業の受託サービス］も営業種目に加えている。

一方、広告エージェンシーやエージェンシー持ち株会社は、従来の事業領域から手を広げている。たとえば、マッキャンはデータブローカー大手のアクシオムを買収した。将来に目を向ければ、広告エージェンシーの定義も、その提供するサービス内容も、現在のそれとは大幅に変わっていくだろう。

こうして境界線が曖昧になっていくなかで、大手ＳＮＳ企業のなかにも付加価値としてのクリエイティブサービスをマーケターに提供するところが出てきた。また、ギグエコノミー［インターネットを通じて単発または短期の仕事を請け負う働き方、またその経済］が活況を呈し、フリーランサーや副業でギグワークに従事する人が高品質のクリエイティブをマーケターに提供している。

そして、そう、すでに論じたとおり、エコシステム全体が変わりつつある。ＡＩがアシストしたクリエイティブや、メッセージの新たな伝え方（ＶＲ、ホログラフィックプロジェクション、バーチャル展示会など）が広告のプロセスを変えつづけるなど、大規模な変革が進んでいるのだ。この流動的な状況において、エージェンシーは自らのビジネスモデルを再構築する必要がある。

さらに別の次元では、広告のバリューチェーンが崩壊するだろう。ブロックチェーンが普及するにつれて多くの中間業者が排除され、結果としてマーケターが取り戻せる広告費は増えるはずだ。

最後に、クッキーの先の未来において、消費者のトラッキング、ターゲティング、リターゲティングは全面的に変わる。デジタルＩＤが出現し、消費者が広告収入から補償される可能性は非常に高い。

第５パラダイムでは、広告エコシステム全体が激しく様変わりする。

とても激しいので、こう言っても突飛（とっぴ）には聞こえないだろう。

「私たちが今日知っている広告は、もしまだだとしても、もう死にかけている」

第11章のまとめ

↓消費者からの関心が向けられにくくなっている。そして広告をめぐる状況は日々悪化している。マーケターは、たとえばクオンタム・エクスペリエンシャル・マーケティングのような別の手段を通じて、消費者とどのように絆を結べるのかを考える必要がある。

↓データ、ＡＩ、その他のテクノロジーが、広告の世界をすっかり様変わりさせてしまうだろう。広告制作から新たなメッセージ伝達様式、メディアの最適化にいたるまで、すべての要素が劇的に変貌していく。

↓クリエイティブの側面とテクノロジーの知識とをうまく融合させられるマーケターが、成功するだろう。

↓エージェンシーは、ビジネスモデルをより劇的に再構築する必要がある。

↓多数の中間業者を含んでいる広告バリューチェーンは、ブロックチェーンのようなテクノロジーによって崩壊する。

↓クッキーのない世界は、消費者のプライバシー保護という観点から素晴らしいものだ。マーケターは、効果的なマーケティングを行うために別の手法を編み出す必要がある。

第12章

私たちは「消費者」ではない。「人間」だ。

公式、非公式の各種リサーチが広告にさまざまな情報をもたらしはじめたときから、マーケターは消費者を、彼らの商品利用行動を、態度を、習慣を、購買履歴を理解することにひたすら努めてきた。その主な目的はつねに、伝統的な購買ファネルをたどる消費者を、有効にかつ素早く動かすことにあった。

マーケターが消費者をリサーチしたのは、施策立案のもとになる気づきを得るためだった。彼らは「消費者を、人口統計、心理状態、行動的特徴といった側面から理解しよう」と努めた。

それから、効果的なターゲティングを行うために全体をいくつかの層に分類した。マーケターは消費者ニーズを学び、ニーズと実態のギャップを学び、ペインポイント、パッションポイント［消費者が興味、関心をもつポイント］を学んだ。彼らは、そうしたペインポイントに直接向き合い、実態とのギャップを埋め、消費者の潜在ニーズと顕在ニーズをどちらも満たせる商品やソリューションを開発した。

マーケターは購買行動と利用行動の両方についてモデルを形成した。初期の購買行動モデルには、たとえば「ＡＩＤＡＳ」がある。認知（Awareness）、関心（Interest）、欲求（Desire）、行動（Action）、満足（Satisfaction）だ。この理論によれば、見込み客はこれらの異なる段階を、順を追って進むことになっている。

まず、ある商品やサービスを認識し、次いで関心をもち、それから「購入したい」という欲求が湧く。マーケターの目標は、彼らがその欲求どおりに行動し、商品を購入したり消費したりすることだ。そしてひとたび彼らが商品やサービスを体験したら、願わくは満足してほしい。消費者はこのように理解されており、彼らの購買行動は極端に細分化されていた。

もちろん、それ以降さまざまなことが根底からひっくり返った。どこまで消費者ニーズに応え、あるいはペインポイントを取り除くかといった点で、どの商品やサービスも一定レベルの均衡状態に達した。そのため、マーケターは自社の商品やサービスを使った消費者を喜ばせる手段に出たのだが、そこで消費者に提供する体験は、自分たちの商品や商品カテゴリーの文脈にかぎられていた。ＢＡＵ［Business as Usualの略、平常時］なら、そして商品カテゴリーも消費者も固定されているなら、それでもいいだろう。

しかし、実際には複数の商品カテゴリー同士が大きく重なっている。そうした状況のもとで、特定のカテゴリーに区切った従来のやり方は、ひどく失敗してしまう危険がある。

アップルはそのことをはっきりと認識していた。今世紀の初めにｉＰｏｄを発売して、商品ではなく、人を中心に置いた体験型の事業へと移行した最初の大手企業の一つがアップルだ。消費者は、ポケットサイズのｉＰｏｄから１０００曲もの音楽に楽々アクセスできるようになった。アップルに拍手をおくりたい。

それ以降、彼らは消費者が期待すらしていなかった、必要だとも思わなかった驚異的な商品の数々を開発してきた。しかも、それらはデバイス操作だけで完結するのだ。

私が好きな事例はｉＰａｄだ。赤ちゃんでも直感的な操作が可能なほど、ユーザーインターフェースに優れている。新しいテクノロジーが現れるたびに苦戦している高齢者たちも、ｉＰａｄなら問題なく理解し、使うことができる。

私はいまでも、当時90代だった父と会話を交わしたときのことを思い出す。ある日、父がかなりまごついた様子でＤＶＤプレーヤーのリモコンを凝視していた。その様子が気になった私は、「何をそこまで必死に考え込んでいるの？」と尋ねた。父は、「このデバイスにはとても多くのボタンがついていて、どれが何の機能をもっているのかよくわからないんだ」と答えた。私はリモコンを眺めた。そしてわかったのは、私は父より少しも賢くなどない、ということだ。ユーザーマニュアルを取り出さなければならなかったし、このいまいましいリモコンを完全に使いこなすためにはそのマニュアルをひたすら読み込まなくてはいけなかった。それから何とか父に教えようしたものの、まったく理解してもらえなかった。

あのときと、その数年後を比べてみよう。私は父にｉＰａｄを手渡した。彼がとても楽しそうにそれを使いはじめるまでに、たいした労力は必要なかったようだ。世界じゅうから自分のデバイスに本を取り込んですぐに読めるということに、彼はとても驚いていた。その様子は喜ぶという言葉では表現しきれないほどだった。

これこそが、私にとって、ＣＸやＵＸ（ユーザーエクスペリエンス）のあるべき姿だ。アップルが見事にやってのけたのは、消費者ニーズを単に商品カテゴリーのなかで満たすというだけではなく、「人間そのものを理解すること」だった。理解したからこそ、彼らはカテゴリーを超えた商品を開発し、人々の暮らしを便利で楽しいものにできたのだ。

そしてそれが、クオンタム・マーケティングにおける課題への取り組み方だ。消費者とその行動を学ぶのではない。「人間を総体として学び、理解する」のだ。

ユニリーバのインサイト担当執行副社長であるスタン・スタヌナサンが、私に的確な説明をくれた。

「商品カテゴリーとは、目的を達成するための手段です。最終的には人々のニーズに応えられるかどうかがすべてです。だからこそ、重要なのは人間の生活すべてなのです。自社商品を段階的に改善していきたいというなら、もちろん必要なだけ消費者リサーチをすればいいでしょう。しかし、ブレークスルーが目的なら、必要なのは消費者のリサーチではありません。人間全体をリサーチすることです。まさにそこから、革新的なアイデアや考え方は生まれるのです！」

これについては、後でさらに説明しよう。

誰にとっても、消費は生活全体のほんの一部分にすぎない。人の生活をピザに見立ててみよう。小さな一切れが消費にあたる。そして、その消費に関する研究とは、本質的に消費者リサーチだ。しかし現実には、それよりも他の部分で起こることのほうが消費への影響ははるかに大きい。

にもかかわらず、消費者のブランド体験や選好度を最適化しようと考えるマーケターは、**人間**の行動に焦点を置いて新たな支持を一気に広げるのではなく、**消費者**の行動に焦点を置いて徐々に小さくチャンスを得ようとしてしまう。スタンの言葉は完全に核心をついている。私たちは、人の生活全体が消費行動に著しく影響するということを認識しなければならない。人の生活のさまざまな側面が、いくつも重なり、互いにつながり合い、依存し合っているのだ。

ダヴの石鹸を例にとってみよう。この商品には、成分全体の4分の1が保湿クリームという固有の差別化要素がある。もしもユニリーバが従来の消費者リサーチだけに固執していたら、この優位性向上を追求し、それを説得力ある方法で伝えるという作業を永遠に続けるしかないだろう。それがとるに足らない要素だということではないし、間違いなくＢＡＵの一環ではある。

しかし彼らは、人々が抱える願いや想い、不安を全体的に見渡した結果、次のことに気がついた。女性たちは、ステレオタイプに定義された美という、到達不可能な目標に強烈なプレッシャーを感じていて、自尊心や自信にまでその影響が及んでいるのだ。このインサイトにもとづき、彼らはブランドをより高い次元でこう定義づけた。

つまり、「大切なのはステレオタイプな美しさではなく、真の美しさである」と。美しさとは、真の、独自の、実際の、そして最高のあなた自身なのだと。この理念を打ち立てて以降、非常に競争が激しいカテゴリーにおいてダヴの業績は毎年伸びつづけている。

別のシナリオを考えてみよう。ある企業が、旅行商品の販売を検討している。普通は、人々の旅行に関する行動を調べて、人はどのように、いつ、なぜ旅行するのかを理解しようと努めるだろう。マーケターは、人がどうやって目的地、移動の手段、価格比較、宿泊施設などの要件を調べるのか探ろうとする。それにもとづいて、消費者が自分たちのニーズ、予算、日時に最も適合する商品を、旅行代理店から、あるいは航空会社から直接購入する、と考える。

これらのことを把握するまでには、膨大な量のリサーチが投入されているはずだが、果たしてそれは必要なのだろうか？　答えは「イエス」だ。では、そのリサーチは十分だろうか？　じつのところ、まったく足りていない。どういうことか説明しよう。

以前は、たとえば10歳から12歳ぐらいの子どもがいる家では、親が休暇のことを決めていた。学校が休みになる5月にディズニーワールドへ行き、○日間滞在するといった計画を立てた。そのためにいろいろと調べて、入場券、ホテル、レンタカーなどすべてを手配した。そうしてから子どもたちに伝えて、それを聞いた子どもたちは大喜び、というわけだ。

現在、その実情は変わった。何より、子どもたちが決定のプロセスに大きくかかわるようになった。親が彼らの年齢だったときよりもはるかにデジタルに精通しているデジタルネイティブの子どもたちが、インターネットで情報を検索し、ビデオを見る。いわば一家の研究開発マネジャーたる彼らが、オプション、比較表、要望などをまとめる。こうして、子どもたちが家族の意思決定プロセスにおいての主要なインフルエンサーになったのだ。

クオンタム・マーケターは、家族構成、行動パターンを理解しておく必要がある。膨大な量のデータから素晴らしいインサイトを抽出して、それを踏まえた戦略を型破りな方法で実行に移せる。新たな購買プロセスを上手に活用していくうえで、最も重視すべき概念が誠意、責任、妥当性だ。

人の消費行動は、生活のなかで遭遇するさまざまな人たちや場所、出来事、活動に影響される。一人の人間の周りには、それが家族の誰かであれ、より広いネットワークからであれ、インフルエンサー、門番、金庫番、意思決定者といった人たちが存在する。クオンタム・マーケターは、これらの関係者全員について理解し、彼らの選好に正しく影響を与えられるよう努めるべきだ。以前ならそんなことは不可能だったし、現在でも完璧にできるわけではない。しかし、きたる第5パラダイムではほぼやれるはずだし、必須だ。私たちは、人々から利用許諾を受けた過剰なほど大量のデータを手にする。AIを駆使したアナリティクスにより、そこからマーケティングの活動サイクル全般についてさまざまなインサイトを得られるだろう。

旅行の例に戻ろう。人の生活全体を理解したマーケターが企画するキャンペーンやコミュニケーションは、もはや特定の目的地や移動手段にさほど依存しない。その中心は、商品やサービスから「個人や家族の体験づくり」へと移っていく。そして、その旅行だけにとどまらない、「生活全体の体験づくり」が目標となる。

クオンタム・マーケターは、消費者の生活全体を見つめ、どのように付加価値をつけられるのかを考える。そうしてインサイトが得られたら、次に自社商品あるいはサービスを、提案する価値があるものかどうか、それとも新しい提案を考えるべきか、既存商品を改良すべきか検討する。

こう自問しよう。「この商品は、相手の状況に対応した、言い換えれば自社のビジネス機会になるものだと、確信をもって、具体的に、正直に思えるだろうか?」。

そうすれば、彼らは消費者の生活状況にとって有効な商品やサービスを提案できる。

人は、同一の商品カテゴリー内で、ときにはカテゴリーをまたいで、いともあっさりブランドスイッチ［競合他社の同じ製品に乗り換えること］を繰り返す。そういったとき、従来型のリサーチからでは役に立つインサイトはほとんど得られないだろう。マーケターは、間違った場所で答え探しをしているのだ。製品は、特定のカテゴリー内で消費者ニーズを満たすよりもはるかに大きな役割をもっていることがきわめて重要だ。実際には、製品は個人の生活全体にかかわっている必要がある。

さらに過激に言いきってしまえば、プロダクト・マーケティングがライフ・マーケティングへ全面統合されないかぎり、次期パラダイムでマーケティングは消滅してしまうだろう！

買い物がどんどんしやすくなる変化

従来から、マーケターは購買ファネルや買い物の前、途中、後における消費者マインドセットの理解に努めてきた。そして、第5パラダイムで大きな変化が起ころうとしている。マーケター自身が、購買プロセスそのものを全力で消滅させようとしているのだ。どういう意味なのか？　説明しよう。

たとえばアマゾンがアマゾン・ゴーの店舗で実現したように、いくつかの企業はすでにレジ待ちの行列解消へと動いている。客は棚から欲しい品物を取ってショッピングカートに入れたら、そのまま店を出るだけだ。支払いのためにレジへ並ぶ必要はない。購買プロセスの大きな部分が取り除かれたのだ。拍手をおくろうではないか！

オンラインショッピングでは、自分のカード情報を登録しておくことがしばらく前から一般的になっている。最初に認証用のカード情報と配送先を打ち込めば、それ以降は1回のクリックで買い物が終わる。購入プロセスは大幅に短縮された。

購入プロセスのなかに、もう一箇所、根本から変わったところがある。ボイスコマースでは、アレクサやグーグルホームに商品に関する情報を質問すると、はっきりと、あるいはそれとなく、商品やブランドのおすすめが返ってくる。そして、70％の人はそれ以上検索しないのだ。[1]「それを買って」とだけ言って買い物は終了する。つまり、スマートスピーカーはその先の検索、比較、意思決定という私たちがたどるべき退屈なプロセスを、一瞬で省いたのだ。しかも、デバイスはやり取りのたびごとにその人の嗜好を学んでいるので、次にはもっと好みに合う提案を出してくるはずだ。

もう一つ別の根本的変化に、商品を定期的に送ってもらうサブスクリプションサービスがある。契約者は、同一商品であるかぎり、いちいち「あれを買わなきゃ」などと思い出したり、同じ購入プロセスをたどったりせずにすむ。これは、人間の怠惰な性質を利用して、選択を自動化し、消費を促す仕組みだ。

私は、P&Gが先日発売したコネクテッド歯ブラシに大変興味をそそられ、また感銘を受けた。スマートフォンに接続すると、ユーザーに歯の磨き方やどの部分が磨かれていないのか、といったことを教えてくれる。

そのうちにP&Gが、ユーザーの歯磨き習慣にもとづいて歯磨き粉やデンタルフロスやマウスウォッシュの再注文がされるよう、コネクテッド歯ブラシにプログラムを施すとは考えられないだろうか？　これは何もSFの話ではない。十分に起こりうることだ。

さらに、購買ファネルを根底から破壊したもう一つは、コネクテッド家電を通した自動注文だ。たとえば、サムスンが発売したスマート冷蔵庫は、持ち主が何をどのくらい消費したのか把握しているので、その持ち主に代わって食料品店に補充の注文を出し、そうした退屈な作業の負荷を減らしてくれる。

購買プロセスや購買ファネルがここまで壊れてしまった以上、クオンタム・マーケターは生活の側面から消費者の状況にどう向き合うべきかを考えなければいけない。

その戦略について、いくつかの重要な要素を提示した。

瞬時のブランド再保証、瞬時のブランド誘引　自動化された購買プロセスにおいて、こうしたことはかつてなかったほど重要性を増すだろう。ブランド構築、ブランドの評価、ブランドレレバンス［消費者が感じるブランドと自分との関連性］、ブランドイメージ、ブランドエクイティ、そしてブランドの差別化といったことが大きな意義をもつ。つまり、基本に立ち返るということだ。

購買チャネルに関する最新動向を把握する　ブランドの過小評価が起こらないように、各種のチャネルを上手に活用すること。そのためには新たなデジタルテクノロジー（たとえばＩｏＴやスマートスピーカー）、それらのデバイスやプラットフォームがもつおすすめ機能を裏側で回しているアルゴリズム、プリファレンス推進力、ＡＩを通したリアルタイム・オファーの最適化メソッドといったことを深く理解しておく必要がある。これらはパフォーマンス・マーケティングの新たな原動力となる。

ブランドの「堀」になりうる強みを理解する　自分たちの強みに関する最新情報をつねに把握し、競争優位性を保つ必要がある。強みは商品そのものというよりも、周囲のシステムであるパッケージング、知的財産、感情的なつながりなどを指す。

多くのイノベーターたちが挑戦している大きな取り組みの一つは、購買プロセス全体を自動化し、商品について考え、学び、選択し、購入する負荷から消費者を解放しようというものだ。ある意味では、購買プロセスから人が排除されるのだ！

アルゴリズムが、あるいはマシンが、個人の負荷を取り除いて買い物を完了させる。なんともワクワクさせられる話ではないか！

人々がどのように商品やサービスを購入し、消費するのかについて、マーケターは絶対的に学ぶ必要がある。しかし、それだけでは未来への備えとして十分ではない。人々が、そして人々を取り巻くすべてが変化し、そうした変化が彼らの消費行動、プロセス、パターンを形成していく。いたるところで構造が変化し、それによって多くの商品カテゴリーが消滅し、あるいは変わっていくだろう。

だからこそ、マーケターはインサイトの発見から活動サイクルの最後にいたるまでのマーケティング戦略全般を、消費者リサーチだけに頼っていてはいけない。

人間を全体として学び、消費者にではなく人間に向けてマーケティングする。

それがクオンタム・マーケティング流だ。

第12章のまとめ

↓ほとんどの人にとって、消費とは生活全体のほんの一部分にすぎない。消費者の体験や選好性を最適化しようとするマーケターは、**人間**の行動に焦点を置いて新たな支持を一気に広げるのではなく、**消費者**の行動に焦点を置いて徐々に、少しずつチャンスを広げようとしてしまっている。

↓クオンタム・マーケターは、消費者の生活全体を見たうえで、既存の商品カテゴリーに縛られずにどう付加価値をつけられるのかを考えようとする。それからその商品、サービス、それらの効果的な組み合わせを、消費者の生活状況に正しく合わせて販売する。

↓その他多くの根本的な変化と並んで、第5パラダイムでは購買プロセスと購買ファネルも根本から崩れる。

↓定期購入のように退屈な作業の多くは自動化され、人はもはや従来ほど購入の意思決定に関与しなくなる。マーケターはその意味するところを理解し、そうした環境でのマーケティングモデルについて考えなければならない。

第13章

事業とマシンへのマーケティング
～ビジネスパーソンとアルゴリズムの攻略法～

感情、刺激、美意識など、マーケティングの感覚的要素を活用する点において、Ｂ２Ｂマーケティングは全体的に数世代分遅れている。

しかし同時に、プロセスの一部やＲＯＩ測定については広い意味で消費者向けマーケティングを超えたとも言える。Ｂ２Ｂマーケティングはこれまで技術面のコミュニケーションに注力し、人の感性の領域にはほぼ踏み込んでこなかった。だから、コミュニケーションに使われるデータやパフォーマンスの訴求は、当然ながら面白味に欠け、何の感動も呼び起こさない。

Ｂ２Ｂマーケティングは、技術的スペック、論理的プロセス、経済性、パフォーマンスの保証といった要件にもとづいて事業の意思決定がなされるという基本前提に立っている。どういうわけか、これは非常に間違った認識なのだが、Ｂ２Ｂ領域で感情の果たす役割はとても小さいと見なされ、しばしばないがしろにされてさえいる。

経済学が主要な役割を果たすのと同様、行動科学もここでは大きな役割を果たす。システム

1思考（第8章「マーケティングの科学」参照）は、人が労働中の状況でもその動きを止めることはない。その人がどこにいようと、何をしていようと、システム1はシステム1だ。B2Bマーケティングがシステム1に働きかけることは、成功を収めるうえできわめて重要と言える。

ほとんどのマーケターが、B2Bに関して明々白々な事実を見逃している。それは、ビジネスはそれ自体が勝手に動いているのではなく、実在する人間が動かしているということだ。ビジネスを動かしている人たちは、仕事中であっても、仕事以外のときと同様に人間として行動している。人間を相手にマーケティング活動をするとき、マーケターは消費者の希望、恐れ、不安、ペインポイントなど、その人の気持ちを学習しようとする。

それなのになぜ、B2B商品について語るときには突然「ビジネスライク」な調子に切り替わるのだろうか？　私はこれをマーケティングの「ジキル博士とハイド氏症候群」と呼んでいる。

消費者に石鹸や旅行を売る際、マーケターは相手にアピールするとき特有の調子で消費者に語りかける。しかし、いざB2B商品を売ろうとすると、途端に冷たい調子になり、脳の理性的な部分だけに語りかけようとしてしまう。B2B商品は堅苦しく伝えるものだと思い込み、退屈で、つまらなくて、感情が動かない要素ばかりを取り入れてしまう。これは、多くのB2Bマーケターが陥っている、非常に誤ったアプローチ方法なのだ。

私たちは、「ビジネスを動かしているのは人間だ」という事実をきちんと認識する必要がある。少なくとも当面のあいだは。B2B商品が売れると、私たちはその決断は純粋に理論や理屈にもとづいたものだと考えがちだ。

しかし、購入決断にいたる心の動きは個人の消費者がものを買うときのそれとまったく変わらないのだ。

もちろん、それぞれの場合において、決断までのプロセスではレベルの異なるいくつかの分析が行われている。B2Bでは、購入の意思決定者が直接費用を負担することはない。その一方で、さまざまな要件を詳しく検証する複数のチームがかかわる。そして商品やサービスを評価するために会社が各種パラメーターを設定する（たとえば3社から見積りをとる）。これらはすべて、そのときどきの情勢や状況に影響する。

そして、最終的な意思決定は、個人の生活で行われるときと同じように下される。感情、印象、直感の影響を受けるのだ。マーケターはそのように考えたくないかもしれないが、それが事実であり現実だ。B2Bマーケターは、決断のプロセスに感情が明白かつ大きな役割を担っていることを自覚しなければならない。

B2Bマーケティングの対象は、5つの非常に大きなカテゴリーに分類できる。大企業、行政府、民間非営利組織（NPO）、中小企業（SME）、そしてスタートアップ企業だ。それぞれ、規則にもとづく意思決定と感情とが相互に作用するプロセスに沿って、行動特性が異なっている（図9参照）。

図 9

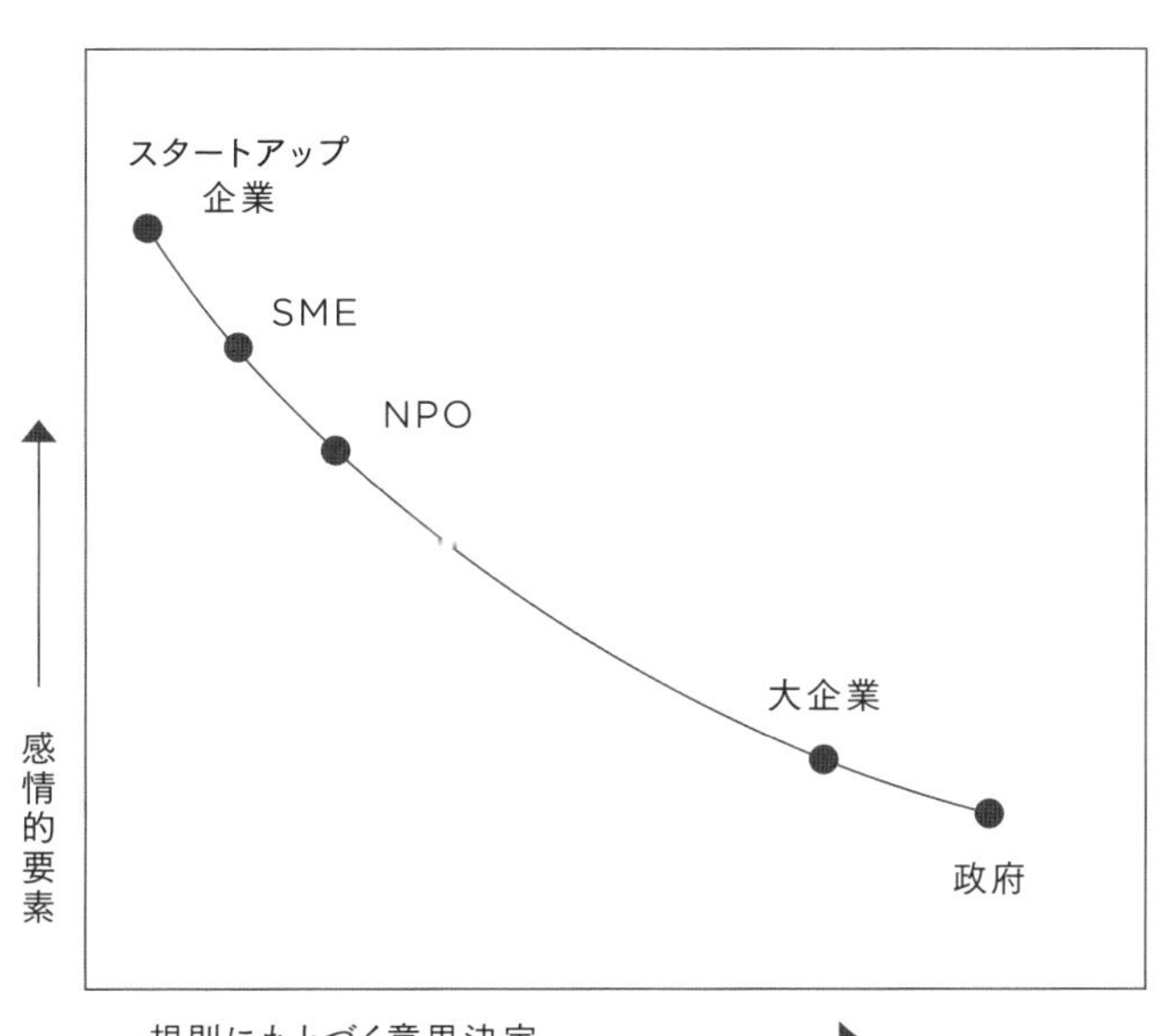

これらのカテゴリーにはそれぞれ異なるマーケティングが必要になる。規則や感情がさまざまに異なるかたちで意思決定に影響するからだ。

B2Bマーケティングであれ、消費者向けマーケティングであれ、結局のところはP2P、すなわち人から人へのマーケティングであるべきだ。人々から人々、人間から人間。クオンタム・マーケティングでは、それがマーケターの仕事になる。人間がビジネスを動かしているのだから、マーケターはビジネスを人間味のあるものとして扱う。「自社のビジネスに関する意思決定を行う人間に対して、人間的なやり方でマーケティングする」ということだ。

歴史的に、商品やサービスを他社へ売り込むマーケターは、あたかも一つの企業から別の企業へ売るかのようにふるまってきた。

B2Bコミュニケーションは、形式的にではなく、誠実さをもって行うべきだ。B2Bマーケターは、型どおりのやり方から抜け出して、プレゼンテーション全体に人間味をもたせる必要がある。B2Bマーケティングへの取り組み方、スタイル、感覚は、消費者向けマーケティングのそれに収斂（しゅうれん）していく。

すべてはP2Pマーケティングになるのだ。

デロイトのグローバルCMOであるダイアナ・オブライエンはこう言う。

「B2Bマーケターには、クライアントと人間的な関係を結ぶという、これまではなかった機会が生まれます。クライアントが本来もっている情熱に共鳴し、より多くの参画、協働、共創を促す新たなビジネスモデルを推進する機会です」

現在、ビジネスの認知度を高めて、見込み客を創出するためのキャンペーンは、商業系のメディアチャネルを通じて行われている。たとえば商業系のウェブサイトや出版物、カンファレンス、展示会、特定場所のビルボード（デロイトやアクセンチュアがとても有効に活用している空港内ビルボードのような）、白書その他の刊行物、商業メディアへの広告出稿などだ。

クオンタム・マーケティングでは、マーケターはこれらすべてのコンテンツについて、見込み客が求める要素は盛り込みながらも人間味のある内容にしたうえで、さらに心理学、神経科学、行動経済学、知覚科学といった諸分野から得られる豊富なインサイトを重ね合わせることになる。

たとえば、ある事業者向け商品について、マーケターは消費者向け商品を売るときと同じぐらい綿密にUXを企画、実施する。広告は、商品ベネフィットを目立たせるだけでなく意思決定者の感情面に訴えかけるように、できるかぎり面白味のある、興味を引く内容にする。消費者向け商品の場合と同様に、インフルエンサー・マーケティングを展開する。

多感覚マーケティングも、やはり同様に……もうおわかりだろう。

カスタマーリレーションシップ・マーケティングは、第4パラダイムで大きな発展を遂げた。第5パラダイムでは、さらに先のレベルへ進化するだろう。ビジネスと消費者の領域をまたいでリアルタイム・データを統合し、ロケーションベース・ターゲティングを活用し、コミュニケーションを個人化する。CRMは、状況に応じたプリファレンス管理のプラットフォームを、ごく自然な、説得力のあるやり方で統合する。

テクノロジーも、大きな転換を促す役割を果たすだろう。

たとえば、新型コロナウイルス感染症によって、私たちはリモートワークの必要性と可能性を知った。それは、それほど悪いものではなかった。バーチャル会議を、1対1、1対複数、複数対複数で試した結果、どれも非常にうまく機能した。リモートのビデオ会議によって生産性も費用効率性も著しく向上したのだから、このテクノロジーはさらに進化を続けるだろう。

せっかくこうした気づきを得た以上、「次はこれをどうやってB2Bマーケティングに応用すべきなのか」私たちは自問すべきだ。

たとえば、自社で主催するセミナーやカンファレンスをバーチャルに移行するだけでなく、没入型VRに移行することも可能だろうか？　VRの展示会はどうだろうか？　VRを基本にした、インタラクティブでバーチャルな商品デモに、さらに拡張現実を取り入れることは？　5Gが登場し、関連するいくつかの領域での進化が続くなかで、これらは実現するどころか、標準的な装備となっていくだろう。

AIは、すでにB2Bマーケティングにもかなり大きな影響を与えている。たとえば、多くの企業がAIを使って提案依頼（RFP）への返答を作成している。AIエンジンはRFPを見て質問内容を理解したうえで、たとえば会社が過去に同種のRFPに対してどのような対応をしたのか、といった内容を含めて社内データベースを参照する。これにもとづいて説得力のある回答がつくられるが、それはいままで大勢のスタッフがかかわって作成したものと同等以上の内容に仕上がっている。しかも、それをごく短時間で、正確に、かつ最新情報を盛り込みながらやってのけるのだ。

ドローン配送、3Dプリンティングその他のテクノロジーは、今後のゲームチェンジャーとなるだろう。一方で必要な時間を短縮し、もう一方では在庫を減らし、顧客の事業に実質的な影響を与えられる。

ゲームは、多くの人から単に子どもやオタクだけの遊びと見なされているが、実はそんなことはない。コンピューターゲームの要素を他の領域で活用する「ゲーミフィケーション」は、どれほど自分を成熟した、高尚な存在だと思っているかにかかわらず、誰でも使えるものだ。ゲーミフィケーションはB2Bの領域にも適用可能だ。私は、いくつかのB2B領域で優れたプロトタイプを見た。

たとえば、ある病院のCEOに経営資源配分の方法を面白く見せるゲーミングアプリのデモを見たことがある。実際にはそのゲームは、CEOの興味をマーケターが売ろうとしている商品領域にそれとなく引き寄せ、その価値をさりげなく、かつ確実に提示するために使われていたのだ。この手法は、まだ発展しはじめたばかりだが、普及するまでにはさほど時間を要しないだろう。これがカスタマーエンゲージメントの主要な手段となるのかどうかは、今後の進展にかかっている。しかし、誰にでも子どもの気持ちはあるし、「ゲームをしたい」欲求も、楽しみたい気持ちもある。

ゲーミフィケーションは、「コミュニケーションがしたい、つながりたい」という人の気持ちを利用してマーケティング目標を達成するための、型破りな方法だ。

マシンに「イチ押し」してもらうには？

第4パラダイムで、私たちはマシンにどうマーケティングしたらよいのかを学んだ。オンラインで検索をすると、どのブランドを上位何番目に表示するのかマシン（実際にはその背後にあるアルゴリズム）が決定する。

したがって、まずはマシンに対して、自社ブランドが消費者の目に触れるよう働きかけることが重要課題となる。マーケターは、どうやってマシンに影響を与えるのか、つまり、アルゴリズムの目（ロジック）でどうすればそのブランドを上位につけられるのか学ぶ必要があった。そのアルゴリズムこそ検索エンジン最適化（SEO）と検索エンジン・マーケティング（SEM）のことだ。

さて、AIのおかげでマシンの機能が高度化しているため、マーケターはそれらの「高機能マシンにどうマーケティングするか」を考える必要が出てきた。これはまさにマーケターの側にある複数のマシンが、もう一方の側にある複数のマシンにマーケティングするという意味だ。これはマーケティングプロセスの重要な一部であり、正しく行われなければ他の努力をすべて台なしにしかねない。

言い換えれば、マーケターは新しい現実と向き合う準備を整え、マシン向けのマーケティング戦略、アルゴリズム、コンテンツを考え直さなければならない。

たとえば、一人の消費者がアレクサに対してある商品を要望する質問をする。すると、アレクサは誰かがプログラムしたロジックにもとづいてブランドを提案する。そこで正しく自社ブランドを出現させる方法をマーケターが知らなければ、アレクサはそのブランドに触れもせず、したがって消費者が購入を検討する候補にものぼらないだろう。それは死活問題だ。

前章で触れたとおり、スマートスピーカーはどんどん普及している。消費者はスマートスピーカーを頻繁に買い物に使っており、その購買行動の70％で、彼らはアレクサのおすすめに従っているのだ。だから、マーケターはこの非常に重要な新メディアを無視してはいられない。これらのスマートスピーカーやアシスタントが今後どのようにＢ２Ｂの取引へ応用されるのかも、興味深いと言える。

こうした状況は、スマート冷蔵庫などＩｏＴの出現によってさらに広がるだろう。そして、すべてが購入段階でのブランド選択に影響を与える可能性を秘めている。

有効な成果を挙げるため、マーケターは「これらのマシンにどう働きかけるべきか」を考えていかなければならない。

第13章のまとめ

→事業者向けマーケティングは、まだ消費者向けほどには進化していない。マーケターは、ビジネスを動かしている主体が感情をもった人間であり、さまざまに感情が引き起こされて自分自身や自社に関する意思決定を行っているということを認識すべきだ。

→事業者向けのカスタマーリレーションシップ・マーケティングは、消費者向けマーケティングの世界にあるインサイトやテクノロジーを応用して、さらに次のレベルへと進化する。

→新しいテクノロジーが事業者向けマーケティングを進化させるだろう。バーチャルカンファレンス、バーチャル展示会、没入型VR/AR商品デモ、ゲーミフィケーションなどはすべて、新たな側面や可能性、費用効率性やマーケティング効果を引き出すだろう。

→マーケターは、購買プロセスの新たな中間要素、つまりマシンとそのアルゴリズムにどうマーケティングすべきかを考えなければならない。スマートスピーカーやIoTの普及がその必要性を推し進めるだろう。

→マーケターは、第5パラダイムのこうした新しい環境に対応するために、知識や能力を蓄え、プロセスを構築し、独白のクオンタム・マーケティング作戦ノートをつくって勝利を目指す必要がある。

第14章

パートナーシップの力
〜攻めも守りも「チーム」で乗り切る〜

さまざまな潮流が複雑に絡み合う第5パラダイムにおいて、マーケティング施策の大半は、複数のソースから情報を集約して、複数のリソースを通じて実行し、さらに別のリソースからも資源を活用していかなければならない。マーケターが自分たちだけでこうしたことをすべて担うのは不可能だ。マーケティングのあらゆる側面、すべての段階を通して、他者との連携（パートナーシップ）が求められる。

社内パートナーシップ

言うまでもなく、マーケティングは組織内の孤島ではいられない。ブランド、事業、競争力を推進するために、CMOはマーケティングを社内の中心に位置づける必要がある。そのためには、その他の全職務、全部門と強固な関係を築いておかなければならない。

これはマーケティングにかぎらず、どの職務にも等しく当てはまる話に思えるかもしれないが、マーケティングに関しては事情がまったく異なっているのだ。

たとえば財務、法務、ITといった、CEOや他の経営幹部から理解を得やすい職務と比べて、マーケティングに対する理解度は低い。消費財メーカーならばそれほどではないかもしれないが、すでに論じた多くの業種には当てはまる。

したがって、マーケティングの担当者たちには、財務から法務、IT、人事まであらゆる部門と強固な社内連携を築いてマーケティングを中核に位置づけるために、他部門の場合より一層の努力が求められる。小規模の企業であれば、社員数も少なく、一人が複数の職務を掛けもちする分、社内パートナーシップは簡単に達成できるだろう。いずれにしても、社内の連携構築は成功を収めるために欠かせない作業であり、その成り行き次第でマーケティングは強くもなれば、壊れもする。

では、それぞれのパートナーシップについて見ていこう。

■ IT部門

テクノロジーは、健全なマーケティングを実践するための主な原動力であるばかりでない。マーケティングの機能とテクノロジーの機能は重なる領域が広がっている。したがって、CIO（最高情報責任者）との緊密かつ強力なパートナーシップはもはや必須だ。この重要な結びつきがなければ、マーケティングの機能は情勢から取り残されてしまうだろう。あえて言えば、マーケティング機能を有効に動かしていくうえで最も重要な社内の連携相手は、CEOを除けばＩＴ部門なのだ。

■ＣＦＯ（最高財務責任者）

現時点で、適正なＲＯＩ算定基準が確立されていないことについて、マーケティング側から納得のいく理由は示されていない。本来は算定方法や算定基準が設けられて、ＣＦＯの求める情報が安定的に提供されるべきだ。マーケティング部門にもＣＦＯを置いて、そこから会社のＣＦＯへ報告する仕組みができればさらによいだろう。

ＣＦＯは、会社を代表する立場から、あらゆる大型投資案件について当然のように厳しい質問を投げかけるだろう。そしてマーケティング予算は基本的に大型なのだ。

したがって、ＣＦＯとＣＭＯは強力に連携して情報レベルをすり合わせ、事業の浮き沈みをともに乗り切っていかなければならない。

■人事部門

マーケティング領域の変容に伴って、マーケティングを担う人材の管理はきわめて重要になってくる。ＣＨＲＯ（最高人事責任者）あるいはＣＰＯ（最高人材活用責任者）との強力な関係構築が必須だ。クオンタム・マーケティングで求められるスキルや能力が従来のそれとかなり異なっている以上、人材の獲得や育成は非常に重要な職務となる。

ＣＭＯは、部の所属メンバーが十分な知識を身に付け、十分な研修を受け、十分に評価され、十分な給与と賞与を受けられるようにしなければならない。

また、メンバーがジョブローテーションで特にマーケティング部門外へ転出するときなどは、人事とマーケティングの連携が計り知れない意義をもつ。

人事部門は、マーケティング構想、戦略、活動計画に歩調を合わせて進む必要がある。

■ 法務部門

社内でもう一つの重要な連携相手は、会社の顧問弁護士あるいはCLO（最高法務責任者）だ。空前の勢いで消費者保護の機運が高まり、規制が設けられている今日、マーケターには規制全般の状況を理解するだけでなく、マーケティング部門が活動するうえでの限界と機会についても把握しておくことが求められている。

そして、政策や規制の専門家集団である法務部門とも密接に連携し、今後予想されるマーケティング関連の規制が、主旨のうえでも文言上も消費者にとって公正でありつつ、マーケターにとっては実践的な内容となるよう、彼らに影響力を発揮してもらう努力をすべきだ。

■ CEO（最高経営責任者）

最後に、マーケターはCEOと非常に良好な関係を築く必要がある。これは、マーケティング部門の構想と計画がCEOの全社構想に則（のっと）ったもので、かつそれを推進する内容であるためにとても重要だ。そして、会社のトップがマーケティング計画に同意していることも重要だ。

それがないかぎり、計画が頓挫する可能性もある。経営幹部の多くがマーケティングにできること、やるべきこと、そこからもたらされる価値について理解していない以上、CEOにマーケティング活動へのコミットメントを求めることの意義はさらに大きいと言える。

もしもCEOがマーケティングの機能を信頼していなかったら、マーケターは時間と労力をつぎ込んでCEOにマーケティングの状況を共有し、マーケティングだからこそ実現可能な未来を示し、その効果を証明する必要がある。マーケターは、マーケティングのもたらす価値を実証し、過小評価されないように努めなければならない。

そして、もしもそうした努力にもかかわらず、状況が変わらなければ、マーケターは「会社にとって正しいことをするために社内外で熾烈な戦いを続けることに自分の残りのキャリアを費やすべきかどうか」考えてみるべきだろう。あるいはもっと単純に、転職することだ。

■ 社内の各部門

会社全体の組織構造に応じて、マーケティング部門はたとえば製品管理（マーケティング部門内にない場合）、広報（いまでも独立した機能として存在するなら）、セールス、カスタマーサービスなどの各部門とも連携をとる必要がある。消費者と会社やブランドとの結びつきは、マーケティング部門が始めて、マーケティング部門が終わらせるわけではない。別の部門が別の側面からCXやブランド認知をもたらす場合もある。マーケティング部門はそれぞれの部門と密接に連携し、マーケティング部門が見つけたインサイトを、組織のさまざまな関係者からも発信できるよう努めるべきだ。

会社が関係するすべての消費者タッチポイントは、ブランドプロミス［ブランドが顧客に対して約束する価値］やエクスペリエンスを強化し、推進する機会となる。そして、消費者、顧客、見込み客と接する者は全員がブランドアンバサダーだ。

「マーケターはブランドの執事であってオーナーではない。」この考え方さえ身に付けておけば、マーケターは会社全体をブランドの下に正しく結束させられるだろう。

結局のところ、ブランドとは全社員がかかわるものなのだ。

エージェンシーとのパートナーシップ

今後私たちの周囲であらゆることが変化していっても、広告エージェンシーは主要な役割を果たしつづけるだろう。データやテクノロジーが効果的で強力なコミュニケーションに欠かせないのと同様、クリエイティビティは重要な差別化要素となる。相手が顧客、消費者、見込み客の誰であれ、クリエイティビティはその人の心情に訴えかける。

社内に広告機能をもち、一流の人材を多く抱えられる企業はごく一部にかぎられ、残る大多数はエージェンシーとパートナーシップを組む必要がある。そのなかには調査会社、メディアエージェンシー、PRエージェンシーなども含まれるが、私はここでクリエイティブエージェンシーの存在を強調しておきたい。

広告エージェンシーはマーケターにとって最大の資産だ。彼らは、私たちがどのようなマーケティング構想をもっているのか、どのような戦略を立て、どう優先順位をつけ、あるいはどのような制約が存在するのかといったことを完璧に理解している必要がある。それらがすべてできたら、彼らはマーケターを最適な方法でサポートしてくれる。

マーケターが連携すべきは、高度な創造性を発揮し、自分たちと歩調を合わせて成功までの行程を最後までともに進んでいけるクリエイティブチームをもち、適正な姿勢で臨むエージェンシーだ。

エージェンシーがリスペクトされ、そのスタッフはマーケター企業のスタッフと同等に扱われ、責任ももつ。それがあるべきパートナーシップの姿だ。また、エージェンシーの業務は透明性をもって行われなければならない。

残念ながら、多くのマーケターはパートナーであるエージェンシーをプロジェクト単位でのみ参画する出入り業者と見なしている。彼らは、総合的なマーケティング構想や戦略について説明を受けないので、最善の努力を傾けにくい。容赦のないコストカットも行われる厳しい環境下では、パートナーエージェンシーに対する長期的なコミットメントがなくてはならない。

マーケターは、自分たちが望むかたちでパートナーシップを築くために力を尽くすべきであり、パートナーエージェンシーは事業への理解にとどまらず、ブランドの本質まで理解している必要がある。それは、単にブランドポジショニング・ステートメントを読んでいるだけでは実現しない。ブランドの本質を理解するということは、非常に体験的であり、漸進的であり、非常に奥が深いものだ。

エージェンシーの選定やメンテナンスを購買の発想で進めないよう、マーケターのみなさんには注意を促しておきたい。購買や業者選定の仕組みは、企業が最良の条件で契約するうえで非常に重要な補助的機能を果たしている。優れたクリエイティブを生み出すためにはエージェンシー選定がきわめて重要な作業になるが、これをマーケティング部門ではなく、購買部門が行うとすれば私としては心配だ。

イノベーション・パートナーシップ

イノベーションは、クリエイティビティと並んで、強力な競争優位性を確立するためのけん引役を果たす。私は、大企業とのパートナーシップを否定するわけではないが、イノベーションについてはスタートアップ企業や成長企業と組むことが最も有効だと考えている。彼らはまさに革新的で堂々としていて、成長への意欲をもち、とても機敏だ。ブランドプロミスやブランドがもたらす価値をさらに高い次元へと引き上げるためには、そうした企業と強力なパートナーシップを組むことが重要だ。私自身の経験で言えば、最高のアイデアは多くがこれらの小規模企業とその才気あふれる創業者たちからもたらされた。

こうしたパートナーシップは、高度な共創関係につながる。マーケターは、優れたアイデアや知的財産に直接触れる一方で、スタートアップ企業に対して素晴らしい活躍の舞台を提供できる。私たちは、そうしてともに成長していく。

そして、マーケターはこうしたイノベーションから生まれる知的資産や成功事例を保全できるよう、パートナーシップを管理する必要がある。イノベーションの占有期間が終わった後でも、パートナーシップからはある種の競争優位性が得られるからだ。

テクノロジー・パートナーシップ

テクノロジーの力を有効活用するために、マーケターは自分たち用のツールボックスやリソースをもっておくか、テック企業と有効なパートナーシップを組んでおく必要がある。テクノロジーが変化するスピードは速いので、マーケターはレガシーシステム〔過去の技術や仕組みで構築されているシステム〕にとらわれず、自分たちのプラットフォームを開発、維持、アップデートするテック企業を通じて、多種多様でモジュール式（入れ替え可能）のソリューションを有効にまとめておくほうが堅実だからだ。

ほとんどのマーケターはテクノロジーについて深い知識をもっていないので、彼らにとって適正なソリューションをＣＩＯか外部のパートナー企業に開発してもらう必要がある。

さまざまなＩＴソリューションを判断、評価する際の主な指標は、モジュール性、多様性、異なるソリューション間の相互運用性、拡張性、安全性などだ。さらに、素早く動かすためにはシンプルなインターフェースが重要だ。マーケター自身が使うたびにＩＴ部門や外注先に連絡しなくてすむようにしておかなければならない。

メディア・パートナーシップ、パッション・パートナーシップ

伝統的に、メディアはマーケティングの中核をなす分野だった。メディア業界の変革は今後さらに進むだろう。そのため、メディア関連企業は中長期のパートナーシップ、新しいビジネスモデル、新しい価格構造を模索している。

多額の媒体費を使っている企業にとっては、マーケティング部門がメディア領域の変革をしっかり観察していることが重要だ。また、広告枠にお金を払う従来の仕組みの先にあるパートナーシップの機会を見つけ、マーケティング戦略、メディア戦略に影響を与える新たな何かの理解に努めることが重要になる。

スポーツ、音楽、飲食などとのパートナーシップを、私は「パッション・パートナーシップ」と呼ぶ。これら主要なパッション領域に質のよい資産は非常に少なく、その分価格が高騰しやすい。

他方、ｅスポーツやホログラフィックツアーのような新しいカテゴリーには一定の注目が集

まるので、その分だけマーケティング予算も転用できる。競合のなかから際立つことは至難の業だが、消費者の注目を集め、エクスペリエンシャル・マーケティングを可能にするという二つの点で、スポンサーシップは重要な役割を担っている。

官民パートナーシップ（ＰＰＰ）

歴史的に見て行政府が業務を占有してきた領域は多いが、スマートシティ、ヘルスケア、地域密着型教育といった領域については、政府だけですべてを賄う（まかなう）ことはできない。地域社会に変革をもたらすために、こうした領域で官民のパートナーシップは大きな役割を果たすだろう。

これらは慈善事業や非営利である必要はない。利益を追求する仕組みづくりは可能であり、企業は、地域社会を支えながら、投資に対する適正な利益を上げられるようなビジネスモデルを構築できる。一般的に、ＰＰＰにおいては行政府、非政府系組織、そして私企業あるいは株式公開企業が連携する。

マスターカードに、その優れた事例がいくつもある。一つは「City Possible」という取り組みだ。人口増に伴う諸問題を抱えた世界じゅうの大都市で、その解決に向けた取り組みを支援している。たとえば、ロンドン地下鉄では、Ｃｕｂｉｃ社と連携して調査を行い、新しいモバイル決済システムを立ち上げた。これによって、ロンドン市民たちは地下鉄に乗るために延々と列に並ぶ必要がなくなった。この仕組みから、マスターカードも利益を得た。全体としてのウィンウィン（win-win）を成し遂げたのだ。

産業界や貿易機関とのパートナーシップ

産業界や貿易機関とのパートナーシップは、一企業にとどまらず、その名のとおり、産業全体にとって非常に有益だ。業界団体は会員や提携企業にとって重要な課題を繰り返し取りあげ、政策立案、業界標準の策定、関係者の教育といった取り組みを進めているが、そうしたことを単独で実践できる企業はない。そして、明白ではあるが、こうした業界活動に携わるマーケターの数は驚くほど少ない。

あまりにも多くの変化が起こっている現在、相互運用性の基準を設けることは、全関係者の利益にかなう。ある産業のなかで新しいイノベーションや新しい進展があったときに、それが独自の基準をもち、エコシステムの他の部分とは一貫性も互換性もなければ、大きな混乱をきたしてしまうだろう。

たとえば、各種のSNSプラットフォームについて考えてみよう。それぞれに独自の基準がある。他のプラットフォームとのあいだに相互運用性はないので、マーケターは次のキャンペーンに向けて投資の最適化を図ろうとしても、それらのプラットフォーム全体を包含して投資利益を算出できないのだ。そのため、世界広告主連盟（ＷＦＡ）の後援を得て、全米広告主協会とも共同して、複数のエージェンシー持ち株会社、主だったＳＮＳプラットフォーム企業、そして多くのブランドがＧＡＲＭ（グローバル・アライアンス・フォー・レスポンシブル・メディア）［デジタルメディアプラットフォームに関するさまざまな問題に対処するために設立された業界横断の取り組み］と呼ばれる活動を始めた。マーケターは、少しでも時間を割いて、こうした業界活動やパートナーシップに進んで参画すべきだ。

地域社会とのパートナーシップ

世界ではグローバル化が進んでいる。これは次のパラダイムにかけてさらに進むだろう。しかし、消費者にとって地域社会の重要性はますます高まっている。地元でとれたものを食べる、地元の商品を買う、活気あふれる地域、地域の支援活動グループ。真の差別化を実現するために地域社会と連携し、ブランドや商品とのつながりを明白に示すことが、今後大きな流れとなるだろう。それはまるでグローバルブランドの大宇宙と地域社会の小宇宙が調和しながら踊るようなものだ。その社会に最初に登場するブランドは、地域の人々にとって初恋の相手となり、より肯定的に受け入れられやすい。

たとえば、新型コロナウイルスが流行したとき、人々はまさにそうした力を発揮した。インスタグラムのライブ募金機能がコロナウイルスで影響を受けた地域の支援に活用され、アクセス数は70％急伸した。[1] この件に関して行われた多くの調査はどれも興味深い内容だが、何よりも将来のマーケティング戦略に対して教訓になりそうだ。

パートタイマー、契約社員、フリーランス労働者

もう一つ、急速に変化を遂げつつある重要な領域は、契約社員やフリーランス労働者を抱える経済圏だ。

通常、社員を雇用した企業は、その大半が長年会社で働きつづけると想定する。彼らに研修を施し、長期勤続インセンティブを提示し、有能な人材にはできるだけ長くとどまってもらいたいと考えている。

しかし、変化のペースが速く、新しい世代はフリーランス労働に肯定的な意識を強くもつなかで、将来の新しい働き方が現在とどれほど異なってくるのかにマーケター自身が着目し、考えておくことは非常に重要だ。

マーケティング部門の組織機構に、フリーランス労働者はどう組み込めるだろうか？ マーケティング活動において、フリーランサーの業務と社員の業務はどれほどシームレスにつながるだろうか？ 複数のパートタイマーに仕事の役割をどう振り分けるべきだろうか？ 業務上の機密情報はどう守るべきだろうか？

ホテルでは、フロントのスタッフはシフト制の勤務だが、マーケターが特定のプロジェクト

でシフト勤務する意義や利点はあるだろうか？　クリエイティブや施策のクオリティはどうやって保てるだろうか？

パートタイマーやフリーランスの働き方は根付きつつある。マーケターは、そうした現状を踏まえて人材や組織のモデルを再考し、最良の結果を導き出す必要がある。

第14章のまとめ

第5パラダイムでのマーケティングは、もはやそれ以前と同じものではない。新しい機能、新しいインフラ、新しい機会、強力なテクノロジー。豊かで圧倒的な量のデータが活用できる。言葉そのものの意味でのリアルタイム・マーケティングを実施するだけの能力とチャンスがある。正確なROIを算定する手法が開発される。働き方の文化もこれまでとは異なり、各種のパートナーシップが進歩と成功の主たる構成要素となる。

新たな、そして相当なリスクが生じることを想定しておく必要がある。

そして、それらすべてを踏まえたうえで、明日のマーケティングがどのように機能していくかを考え直す必要がある。

マーケターは、うまく組織されたマーケティング機構を導入し、スムーズかつ素晴らしい動きを引き出して、クオンタム・マーケティングを魔法のように開花させる必要がある。パートナーシップは、そのための必須要件となるだろう。

第15章

必須要件としてのパーパス ～「善い社会」のための取り組み～

「パーパス・ドリブン」

それはライフコーチ、テレビ伝道師、企業の顧問などがよく使うキャッチフレーズだ。企業やメディアにおいても流行している。その根本的な概念は、「企業は株主と従業員に対してだけではなく、社会全般に対しても善いことをすべき」というものだ。

残念ながら、ある種のポリティカル・コレクトネスによって、パーパスの真剣な検討や「パーパス・ドリブン」が本当に企業のパフォーマンスを引き上げるのかといった議論がしづらくなっている。

パーパス・ドリブンで明確なパーパスを掲げた組織がそうではない組織よりも仕事をきちんと進められることを実証しようと、これまで数多くの研究が行われてきた。ある研究によれば、パーパス・ドリブンな企業の業績は業界平均を42%上回っているという。[1] 私も個人的にいくつかの研究に目を通した。全体的な方向は正しいように思えるが、相関関係（二つのことが同時に起こるが、うち一つがもう一つの原因ではない）とは対照的に、因果関係（一つのことが別のことを引き起こす）については あまり明確に感じられない。また、明確なパーパスをもたない企業があまり業績を上げられないと断言することもできない。

パーパスは、すべての企業が掲げ、年次報告書に書き込むべきものだ、と思われがちだ。2018年に、ケロッグ経営大学院教授のロバート・クインは『ハーバード・ビジネス・レビュー』誌にこう書いた。「企業がパーパスと価値基準を宣言しても、それが経営幹部の行動を律していないかぎり、言葉が空しく響くだけだ。誰もがその偽善性を感じ取るだろうし、社員たちにとっても興ざめだろう。プロセスが害を及ぼしている」[2]。

こうした信頼性の欠如、いわば「パーパス・ロンダリング（ごまかし）」について、ジャーナリストたちは当然厳しい質問をぶつけてくる。彼らはパーパスに関する仮説に挑んでいるのだ。企業側は、真実を見いだす集団的責任を負っている。

さまざまな企業がさまざまな領域に重点を置いている。環境保護とサステナビリティ、アニマルウェルフェア［動物福祉］、多様性（ダイバーシティ）&受容性（インクルージョン）、飢餓や貧困との闘い、ジェンダーバランス、などなど。

しかし、その多くがパーパスとコーズ・マーケティング［自社製品を通して、社会貢献活動につながることを消費者に訴求するマーケティング手法］を混同している。実際には異なるこれら二つの概念を、入れ替え可能だと思っているのだ。

まずパーパスの定義を確認したうえで、多くのマーケターが活動の中心に置いているコーズと区別してみよう。

パーパスとは、企業が存在する根源的な理由だ。不動の北極星（ノース・スター）であり、基本理念であり、企業の本質的価値だ。企業の主義や信念ではない。それらはまったく別のものだ。企業には、株主利益の最大化、従業員満足の最大化、顧客満足などを超えた存在理由がある。ちなみにそれらは平常業務（BAU）における目標だ。

その一方で、**コーズ・マーケティング**は、特定の課題解決に向けた取り組み、キャンペーン、活動を通じて社会のためになることを指す。企業は、「善いことをしたい」という大まかな考えさえもっていれば、確固たるパーパスがなくても一連のコーズを実行できる。

パーパスは北極星であり、コーズ・マーケティングは道路地図だ。両者は結びつかなければならない。パーパスは企業の存在理由であり、指針だ。一方でコーズ・マーケティングは社会にとって善いことをする個別の取り組みだ。社会のためになる大義（コーズ）を特定するだけで、企業がもつストーリーや事業ミッションと結びつかなければ、コーズ・マーケティングはパーパスのない単発の慈善活動にすぎない。

だから、マーケターにとっては、企業のパーパスから出発する、あるいはパーパスへと向かう道としてのコーズを特定する作業が大変重要になってくる。

さて、パーパスは本当に必要なのか、あるいはポリティカル・コレクトネスにすぎないのだろうか？　ブランドがパーパスを追求するのは、単に企業としてより善いことをするため、あるいは株主価値を最大化するためだけではない。

企業は、二つの包括的な理由からパーパスを追求しなければならない。

1. パーパスは哲学だ。もしもマーケターが社会のために善いことをやれるポジションにいるのなら、やらない理由があるだろうか？　これは基本的な価値観だ。単に利己的にふるまうのか、あるいは社会全体に何か善いことを、「それが重要だし、自分にはできるのだからやりたい」と思うか、どちらだろうか？

2. パーパスは信頼を築く。次の章でも論じるが、今日、信頼感は日々著しく損なわれつづけている。顧客は、いたるところで「搾取され、ごまかされている」と感じる。明確なパーパスをもち、そのパーパスを適正なコーズ・マーケティングの取り組みを通じて真摯に追求する企業。首尾一貫し、適切で、切実で、納得できる本物のメッセージを伴ったストーリーを誠実に語る企業。そんな企業こそ、消費者の目には際立って映るはずだ。

将来を見据えれば、明らかに**パーパス・ドリブン**が企業の大きな差別化要因となる。搾取やごまかしが実際に行われ、そう認識されている世界で、真摯に善いことを追求していると見えるパーパス・ドリブンな企業に対する消費者の認識はとても肯定的なものになるはずだ。

企業は、さまざまなやり方でパーパスを追求している。財団を保有する企業は多い。一定の資金を財団に投じ、財団は善いことを実践しつづける。これはよいスタートの仕方で、実行する企業にとっては節税にもなる。税金を納める代わりにその分を財団に投じれば、コミュニティーにとって善いことをしているので社会的な評価も上がる。これは一つのやり方だ。

そして、企業の社会的責任、CSRがある。CSRの取り組みは財団が中心となって行うか、財団は補助的な役割を担う。あらゆる法人には社会的責任があるので、役目を果たし、効果を測定し、年次報告書にまとめる必要がある。

通常、これら二つへの資金拠出は企業の裁量に任され、その都度の判断となる。業績がよい年には、より多額の資金が財団またはCSRに投じられる。他の年には、そこまで投じられない。すると、活動の一貫性が損なわれかねない。

パーパス・ドリブンな企業にとって、活動の勢いを持続させ、一貫性をもたせることは重要だ。ブランドの観点からは、一貫したパーパス追求が、あるいはコーズのための闘いが行われないかぎり、消費者が企業をそのコーズと結びつけ、「パーパス・ドリブンな企業だ」と認識できない。これは非常に重要な注意点だ。

第2に、財団やCSR活動がおまけのような扱いになると、会社から専任で派遣される人数はとても少なくなってしまう。残る多くは通常業務に集中する。ごく少数の、かぎられた部署の社員だけしかパーパスやコーズにかかわらないとすれば、その企業は大きな機会を逃していることになる。

パーパスは、企業のビジネスモデルの中心に完全に融合してはじめて意味をもつ。

マスターカードのパーパス・ステートメントは、「Connecting Everyone to Priceless Possibilities（すべての人にプライスレスな可能性を）」というものだ。この理念は組織に浸透し、それを支えるコーズは各種のマーケティングプロモーションやキャンペーンに、そして事業の核心に織り込まれる。そうすれば、そこから生まれるインパクトはそれ以前と大きく異なってくる。いくつか例を挙げよう。

マスターカードは、「がんに対する認識を高め、治療法の発見を支援したい」と考え、まずStand Up To Cancerという団体と提携した。私たちが考案したのは、プロモーション期間中に、どこかのレストランでカード会員が支払いにマスターカードを使うと、マスターカードが収益の一部をStand Up To Cancerに寄付するというプログラムだ。団体は、その寄付金を使って、世界じゅうの医学研究者で構成される、彼らが言うところのドリームチームを結成し、それらのチームががんの治療法を発見すべく研究にあたる。

このモデルの素晴らしいところは、活動の持続性にある。プロモーションを実施するたびに、レストランカテゴリーにおけるマスターカードのシェアは上がり、増えた収益は治療薬の研究に充てられる。こうして、コーズ・マーケティングがより大きなパーパスによって中核的な事業活動と融合し、持続性のあるモデルとなる。

他にもいくつか紹介しよう。

↓マイクロソフトは、特別な支援を必要とする人たちのための補助ツール開発という素晴らしい仕事をした。これは単なる慈善活動にとどまらず、実際は彼ら自身の事業の中核や商品開発の方法にもかかわっている。障害を抱えたイギリスの子どもたちは、ゲーム用コントローラーを設計した。障害をもつ労働者たちはゲーム用アクセサリーのパッケージを設計した。ALS（筋萎縮性側索硬化症）患者は、マイクロソフトのテクノロジーによって目で話ができるようになった。

↓SAPは、自閉症の若者たちをプログラマーとして採用した。彼らは自閉症の人たちがとても優秀なプログラマーだということに気づき、こうした若者たちが入社しやすくなるよう採用プロセスを変更している。それは素晴らしい成果をもたらした。同社は、何らかの自閉症をもった従業員を体系的に増やしていくため、Integrate Employment Advisors［自閉症の人と企業をつないで雇用を促進する非営利組織］と提携した。

↓パタゴニアも、パーパスと事業とを完全に一体化させた企業の優れた事例だ。企業ミッションには「私たちは、故郷である地球を救うためにビジネスを営む」とある。彼らは売り上げの1%を草の根で活動する環境団体に寄付している。多くの時間と労力を割いて環境保護運動を展開していたり、環境活動家として知られた社員もいる。

この他にも、興味深い角度からパーパスを追求するデータフィランスロピーという手法がある。これは民間企業が、私有データを公益のために提供するものだ。NGO、学界、行政府などがこうしたデータを活用して社会に影響を与える諸課題を抽出し、分析し、解決策を探る。

一例を紹介しよう。リンクトインは、エコノミック・グラフというオープンソースのデータプロジェクトを展開した。6億人以上の会員、5万種のスキル、2000万社の企業と1500万の求職数、6万校の学校を網羅して、世界経済をデジタルで再現していた。全会員、全社、全校をマッピングすることによって、たとえば地域ごとの人材移動、雇用率、需要が大きいスキルなどの傾向を把握できる。こういったインサイトを通して人が就業機会を得たり、あるいは行政府やNGOが人と機会を有効に結びつけたりできるのだ。[3] リンクトインはその後この取り組みを終了したが、データフィランスロピーの概念と応用の仕方を伝えるために取り上げさせてもらった。

世界じゅうの人々の83%がブランドにはよりよい世界をつくる力があると考え、87%がブランドは自らの信念に従って行動すべきだと考えている。84%は社会の変化を促す責任が事業にあるとし、64%は社会問題や政治課題に対する姿勢次第でブランドを購入もボイコットもするという。[4]

パーパス・ドリブンは、コーズ・マーケティングを業績につなげる。パーパスは表面的な概念ではないし、ポリティカル・コレクトネスや年次報告書のために存在しているわけでもない。

企業がパーパスを追求すべき理由は、それが正しいことだからであり、消費者がパーパス主導のブランドを選んでお金を払うからであり、若い世代の人たちは「パーパス主導型の組織でこそ働きたい」と考えているからだ。彼らは、社会的に善いことをするパーパス・ドリブンな会社になら、「報酬が減ってでも入りたい」と考えている。

つまり、企業にとってはトップ人材を引きつけ、囲い込むうえで大きな競争優位が働くということでもある。[5]

第15章のまとめ

→パーパスへのコミットメントは、企業のトップであるCEOから発せられるべきだ。マーケターは、それを具現化し、つくり込み、説得力をもったストーリーに仕上げる役割を担う。

→パーパスを、ビジネスモデルの中核に組み込むこと。おまけのようにはしてはならない。

→企業パーパスに沿ったコーズ・マーケティングの施策集を厳選しよう。

→目先の利益にとらわれないこと。真の差別化を実現するためには、一貫性が不可欠だ。

→長期的なコミットメントが非常に重要だ。

→マーケターは、企業パーパスをストーリーとして誠実に伝えること。広告的、セールス的なアプローチを取ってはいけない。単なる利己的な話だと受け取られてしまうからだ。

→企業の従業員は、その企業のパーパスを尊重し、コーズ・マーケティング施策の下で一致団結する必要がある。

↓コーズ・マーケティングの施策ごとにブランド名をつくり出さないこと。もしそうすれば、全体的なブランドイメージに何も残らなくなってしまい、ブランドのインパクトやブランドエクイティが希薄になってしまう。

↓適正なパートナーシップを結ぼう。高い評価を受けているパートナーと、有効かつ長期的な関係を築こう。

↓財団やCSR施策とコーズ・マーケティング施策が互いに相乗効果を発揮するように全体を組み立てよう。

第16章

倫理意識とブランドの業（カルマ）
～「ごまかし」はそれだけで「嫌悪」につながる～

先日、映像のリンクを送ってもらって、ジョージ・カーリン［反体制的な辛口ジョークを得意としたアメリカのコメディアン］がいつものように広告とマーケティングをネタにしているスタンダップコメディを見た。彼は、マーケターと広告主が結託して文字どおり何十もの「トリック」を隠しもっているとジョークを飛ばしていた。

「この国で広告を見るたびに気づかされるよ。アメリカの主要産業は、いまだにこんなゴミの製造、販売、宣伝、マーケティングなんだ、ってね」

笑えるが、同時に悲しくもある。マーケティングには良心や倫理意識が欠けているという一般の認識が反映されているからだ。

倫理的な行動は、どんな文明社会においても根本的な必須条件であるばかりでなく、あらゆる個人の日常生活、あらゆるマーケターの仕事生活においての規範でもある。倫理的行動をなおざりにすれば、消費者からの信頼を失うだろう。自分が購入するブランドを信頼している消費者はたった34%という衝撃的な数字もある。[1] 逆に言えば、消費者の3分の2は自分で購入するブランドを信頼していないのだ。

私たちが埋めるべき隔たりはあまりにも大きいと言うほかはない。

倫理意識を最優先テーマに掲げている企業は、そうでない企業を業績でしのいでいる。[2]

キャップジェミニ［欧州最大規模のコンサルティングファーム］の調査報告書にはこう書かれている。

「消費者が重視する価値観を取り入れようとするCP（消費財）企業の価値は、自然に上がる。感情に訴えかけるマーケティングを通して、消費者の気持ちを他社でなく、自社ブランドに向けられるだろう」[3]。パーパスの場合と同様、ここでもコーズとの密接な相関関係があるのかどうかはなんとも言えない。

しかし、いずれにしてもこれはすべてのマーケターにとって守り、実践すべき根本的な要素ではないのだろうか？

マーケティングは、残念ながら、かなり多くの人々からある種の信用詐欺のごとく見られている。そして、それには相応の理由がある。マーケティング業界自身の行い、何十年にもわたって続いている慣習のようなものに起因する部分が大きいのではないだろうか。

そのうちいくつかのケースを、私自身が情報通の消費者となって見てみよう。

私の妻は、かなり高額の保湿クリームを買っている。パッケージデザインはとてもセンスがよく、高機能で、とても魅力的な商品だ。

しかし、非常に詐欺的でもある。ガラスの容器はちょうどよい大きさに見えるが、内側の底面が外側の底面よりもかなり高くなっている。言い換えれば、外側からは、実際の容量よりもかなり多く入っているように見えるのだ。

これは公正な慣行か、それとも欺瞞的な慣行だろうか？

妻はこの商品を気に入っているが、その会社とブランドのことは嫌っている。彼女の友人数名にも意見を聞いてみたところ、こんな答えが返ってきた。

「こういう会社は私たちを馬鹿だと思っているのよ。商品が底上げされていて容量がずっと少ないことに気づいたら、がっかりするし、私たちをだました会社が嫌いになるわ。もしも別によい選択肢が見つかったら、一瞬で乗り換えると思う」

彼女たちにしてみれば、これは不誠実な企業がつくった不誠実な商品なのだ。


それから、虚偽の表示という問題がある。膨大な数の栄養補助食品について、記載されている成分が実際には含まれていないことが判明した。同様に、これらの商品は身体に有害な成分も含んでいるということを明らかにしていなかった。これは、その国の法律にどこまで則っていたのかとは関係なく、意図的な不正表示の例だ。

別の例を挙げよう。私の故郷はシンシナティ［アメリカ中東部オハイオ州にある商工業都市］だ。私はシンシナティとニューヨークを頻繁に行き来しているが、航空券を予約するたびにゾッとするのは、ほとんどの場合、ニューヨークとシンシナティを結ぶ便の値段が、ニューヨークとロサンゼルスを飛ぶ便よりも高いということだ。ニューヨークからロサンゼルスまでの距離はニューヨークからシンシナティまでの2・5倍以上あるというのに。同様に、多くの場合、ニューヨークからシンシナティまでの航空運賃は、ニューヨークからロンドン、ニューヨークからパリ、あるいはニューヨークからローマよりも高い。

もちろん、大陸横断の航空券代は安いという話ではない。シンシナティまでのチケットがあまりにも高すぎるという話だ。このようなありえない価格構造にも、正当な理由が存在するのかもしれないが、消費者にとっては不公平で非倫理的に見える。

それによって、何が起こったか？

スキップラグド［航空運賃の検索、予約サイト］のようなウェブサイトが、航空会社のアルゴリズムにひそむ落とし穴を明らかにしたのだ。もしも預ける荷物がなければ、たとえばニューヨークからシンシナティ経由でシカゴかロサンゼルスまで向かうチケットを予約する。そして、シンシナティで降りてしまえばいいのだ。いったいシステムはどこへ行きついてしまったのだろうか？　企業の利己的なふるまいに打ち勝つためのアプリまでつくらなくてはならないのか？

だが、それは当然の流れと言えるかもしれない。強烈な需要が引き金となって現状まで変えるというのは、人類の歴史上、何度となく繰り返されてきたことなのだから。

メール・イン・リベート［商品購入後にクーポン券など必要書類を郵送すると払戻し分の小切手が送られてくるシステム］のコンセプトを見てみよう。メール・イン・リベートのビジネスモデルは、消費者は怠惰で忘れやすいという現実を踏まえて組み立てられた。だから、割引や払戻しを要求してくる客などまったく、またはほとんどいないはずだと考えられ、プログラム全体もそうなるように設計されたのだ。消費者はメール・イン・リベートのクーポン券のことなど忘れてしまうか、どこかでなくしてしまうか、まったくやる気がないか、いずれかの理由で郵送してこないと十分にわかったうえで実施している企業は、賢明なのか、あるいは単に搾取的なのだろうか？

明らかな虚偽表示や、法律を逸脱していなくても理念としてまったく不誠実な場合はどうだろう？　法律の抜け穴を見つけたからといって、消費者を欺いても構わないのだろうか？　たとえば、有機（オーガニック）や自然（ナチュラル）の食品だけを買って食べることにこだわっている私の友人が、そうした店の一つでオーガニックのナチュラルヨーグルトを購入した。

彼の手から商品を取って内容を読んでみると、そこに書かれていた原材料は、でんぷん、ゼラチン、カルミン酸（食品への着色用）、ペクチン……私はあきれ、彼はがく然とした！　ラベルにナチュラルでオーガニックと書いてある商品に、純粋なヨーグルト以外の原料が含まれていたことに、彼はひどくがっかりしたのだった。

賢明な事業者になることとペテン師のあいだの、どこで線を引けるだろうか？　誠実さと倫理意識こそ、私たちの仕事の根幹に置くべきではないのか？　搾取とごまかしとミスリードなしに成功は掴めないのか？

データは人間より大切か？

本書では、信頼の概念についてさまざまに論じてきた。そして、データについても。その二つには重要な共通点がある。クオンタム・マーケティングの成否がデータの積極的な活用にかかっているからといって、データの収集や利用が本質的に見境なく収奪的というわけではない。信頼とデータと倫理は、すべて一つ屋根の下で同居可能だ。

私たちのマーケティング業界は、データの、特にデータ倫理に関する優先順位を考え直す必要がある。

データ倫理とは、責任感、透明性、公正性のもとでデータを利用することであり、説明責任への強い意識が求められる。世界広告主連盟（WFA）は、データ倫理に関する見事な内容の声明をまとめた。

「私たちがデータでできることとデータですべきことのあいだに、ずれがあってはならない」[4]

WFAのCEOを務めるステファン・ロークは、私にこう語った。

「データ倫理はパラダイムシフトと言えるほどの問題で、マーケターがデータファーストからピープルファーストへと考え方を切り替えないかぎり解決できない。そのためには、ブランドからアドテック、エージェンシー、媒体社にいたるまで、マーケティングのエコシステムにかかわる全員が集結し、消費者にとって善いことをするという理念に根ざした持続可能な未来を実現する必要がある」。

マーケティングの間違いを見つけるシグナル

倫理意識と誠実さはマーケティングを超越する概念だ。しかし、私たちの生活のさまざまな領域でそれが裏切られてもいる。

たとえば、私が車を点検に出すと、サービスセンターから電話がかかってきて、修理すべき箇所と交換すべき部品を並べたてる。それほど古い車ではないし、距離も乗っていないにもかかわらずだ。私はこの分野に詳しくないので、いくつかありきたりな質問をする以外に相手の要求を押しとどめるすべをもたないし、質問にはすでに用意してあった技術的な答えを返されるだけだ。私は渋々ながら修理のゴーサインを出し、素直に支払いに応じるしかない。そして、「自分の無知に付け込まれた」という気持ちになる。

実際、同じ経験をしている人はとても多いようで、いまではＦＩＸＤという商品まで売られている。これを車に差し込むと、どの部分が故障しているのか示されるらしく、使用者はサービスセンターがごまかしていないかどうかわかる、というものだ。本書の執筆時点で、「Never Be Ripped Off by Mechanics Again」（二度とメカニックにだまされるな）と題された映像が彼らのウェブサイトにアップされている。[5] つまり、他のブランド、会社、商業施設によるごまかしから消費者を守るために売り出される商品まであるのだ。

消費者が嫌がる商慣行、消費者がブランドにだまされた、惑わされた、搾取された、強要されたと感じるような商慣行について、私はいくらでも事例を挙げられる。

そのうえ、フェイクニュース、政治劇、偏向報道、腐敗官僚たちの存在が、問題をさらに深刻にする。いたるところで信頼が損なわれているのも無理はない。

私たちマーケターの生活は、消費者にかかっている。

それならどうして、その彼らをだまそうとするのだろう？

次のことを知っておいてほしい。

消費者が「不当に扱われた」と感じたときは、企業やマーケターがやり方をどこか間違えているのだ。自らそのやり方、あるいは認識を正さないかぎり、別の誰かによってその会社は裁かれるだろう。

ここでいったん消費者から離れよう。私たちの業界内部についてはどうだろうか？

全米広告主協会の委託を受けてK２インテリジェンスが２０１６年に行った調査の報告書では、エージェンシーが媒体社からリベートを受けている実態が指摘されている。[6] この報告書には多くの厳しい批判が寄せられたが、そうしているあいだにも、この指摘に関してはアメリカ司法省がかなり積極的に調査を進めている。

今日、社会には不信感が充満している。競合するメディア同士がまったく同じデータを取得したとしても、その理解、解釈、結論は正反対のものになりうる。消費者は、何を信じれば、あるいは何を信じなければよいのか、途方に暮れている。

人工知能がいたるところに普及しはじめれば、フェイクフォト、フェイクビデオ、フェイクボイスなど、あらゆるフェイクが出現して、状況はさらに悪化するだろう。

たとえば、すでに出回っているＡＩの創作映像では、人々が政治的ライバルに関する肯定的な話をまくし立てている。ＡＩはさまざまな場面にいる人たちの写真を創作するが、あまりにも本物らしいため、もはや誰も偽物だとはわからない。現在の司法制度で採用されている視覚的な証拠は、今後なくなってしまうだろう。声についても同様だ。トーン、話し方、アクセント、抑揚などはＡＩがすぐに複製可能だ。

クオンタムの混沌(カオス)において、私たちは何をするか？

クオンタム・マーケターは、何よりまず「信頼こそが大きな競争優位性である」と自覚すべきだ。地道に、着実にブランドの信頼を築いていくことに集中すべきだ。そして、信頼を損なう要素は取り除かなければならない。人々の生活において、ブランドとの絆やその重要性は薄れている。そうした状況下では、信頼されているブランドが長期間にわたってその地位を維持するだろう。つまり、その信頼を築けるかどうかはマーケター次第なのだ。

私たちマーケターは、精神的にも、言葉でも、行動でも、正面からこの問題と向き合うべきだ。詐欺的な商慣行は、それが広告であれ、値付けであれ、包装であれ、消費者には遠くからでも見抜かれてしまう。もしもマーケターがそうした行為に及んだとして、消費者はそのブランドに手を出そうと思うだろうか？　仮にそのブランドが市場を独占していたとしても、消費者はつねに代替品を見つけ出せる。

私たちがつくる広告は、信頼に足る、真実にもとづくものでなければいけない。広告を出して消費者とつながる機会を逃すべきではないが、ご都合主義に陥ってもいけない。

ある飲料ブランドがある社会問題に飛びついて批判を浴びたことがある。「社会問題に便乗しているだけで信頼できない」と見なされるなら、ブランドにメリットはない。一度ネガティブな認識をもたれたブランドには、人々がそれを忘れるか、許すまでに10のポジティブな認識が必要になってくる。だとすれば、なぜ自らそのような事態を招く必要があるだろうか？
消費者は真実性を評価する。自社の商品について、堂々と、正直に伝えよう。事実と異なる説明を行うべきではない。ただし書きを主要な戦略にしてはいけない。

私たちマーケターは、文化に影響を与え、文化を形成する大きな力を手にしている。正しいロールモデルをつくる力をもっている。社会的な認識や風潮をつくり出すことができる。そして、その素晴らしい力には、社会にとって善いことを実行する責任も伴う。相手を思う気持ちは、自らの行動から始まる。倫理的な行いについて他人に助言する前に、まずマーケター自ら倫理的な活動を心がけるべきだ。

マーケターは、すべてのパートナーに対しても説明責任を負わせなければならない。それがエージェンシーであれ、媒体社であれ、その他のパートナーであれ、彼らにも必ず倫理的に行動させなければならない。
たとえば、スポーツスポンサーシップは４６０億ドルにのぼるグローバルビジネスだが、[7]長年のうちに、世界のいくつかの種目で汚職がまん延するようになり、関係者による恥ずべき行動が見られるようになった。実際に国際刑事警察機構（インターポール）は、スポーツに関する汚職があまりにも増えているため、その発見と対応に関する注意喚起を出したほどだ。[8]私たちマーケターは、これらの競技団体に正しく圧力をかけて責任を認識させなければならない。なぜなら、結局のところマーケティング費用こそがそれらスポーツの隆盛を資金的に支えているからだ。

私たちの仕事には透明性が欠かせない。おとり販売のごときお粗末な商売に頼ってはいけない。ほとんどの人が読まないとわかっている利用条件で消費者を混乱させ、しかも同意のクリックをさせるべきではない。彼らは他にどうすることもできないし、しかも読むことに飽きてクリックしてしまうのだから。

私たちは、消費者とのあらゆる接点や交流を、単なる販売機会や選好に影響を与える機会ではなく、「信頼を築く機会」と考えるべきだ。

クオンタム・マーケターは、何よりもまず一人の消費者であり、まっとうな人間であるべきだ。消費者である自分がされたくないことを、他の消費者にしてはならない。自分が扱われたいように、消費者を扱おう。

消費者のプライバシーを尊重しよう。ブランドには消費者の個人情報を詮索し、彼らの明確な許諾なしにそれを販売する権利はない。私は、プライバシー法の簡素化を強く支持するし、アメリカの連邦法やヨーロッパのＧＤＰＲを支持している。

しかし、自主規制や倫理の確たる指標が成立するなら、それに越したことはない。

マーケターは、ブランドプロミスを掲げ、守らなければならない。人々が喜ぶＣＸを提供しなければならない。正しくつくられた商品を提供し、正しい方法で請求しなければならない。そして相手をごまかし、嘘をつき、だまし、付け込むようなことを絶対にしてはならない。

そうした考えは甘いだろうか？　決してそんなことはない。第5パラダイムは、これまでと異なる世界なのだ。いつもの、お決まりのやり方は通用しなくなる。期待値も境界値も完全に変わる。成功したいのなら、マーケターはそうした価値基準に従って行動しなければならない。

たとえば、ある商品についてよくない事実が判明したら、正直に公表したほうがよい。そうしないうちに誰かがＳＮＳでそのことを取りあげれば、炎上して広報対応に委ねざるを得なくなるだけだ。私は、各種の製品クレームを拾い出し、虚偽の内容を集約して、インターネット上に事実を投稿してブランドに警告するウェブベースの商品をいくつか見たことがある。しかも、これはまだほんの始まりにすぎないのだ。

倫理意識とは、人から人へ広がりやすいものだ。マーケターがチームメンバーたちに倫理意識と誠実さを繰り返し植えつけることがきわめて重要だ。彼らに求められるのは、受容性とジェンダーバランスを推進し、多様性を実現することだ。

もう一度スポーツの話に戻ろう。女性競技への支援と男性競技への支援には、圧倒的な不均衡がいまも根強く残っている。協賛するブランドは、受容性とジェンダーバランスを声高に訴えるべきだ。ヘルスケアから決済まで多くの商品ジャンルで、あらゆる購入決断の75%は女性が行っているにもかかわらず、すべての競技種目でジェンダーの著しい不平等が見られることは興味深い。

私たちの生活でもよくあるように、何か悪いことをしたとき、中期的あるいは短期的には自分の得になる場合が多い。

しかし、長期的に見れば、その報いは必ず自分にはね返ってくる。私はこれを「ブランドの業(カルマ)」と呼んでいる。

倫理的な取り組みを意識して、完璧な誠実さをもって仕事をしよう。そうすれば、チームもブランドも、ゆっくりと、しかし着実に発展する。

それこそが、第5パラダイムでの差別化を実現するのだ。

第17章

マーケティングがこれから必ず直面する危機（クライシス）
～損失を最小限にするには～

パンデミックが発生して、世界じゅうのすべてのビジネスパーソンとすべてのマーケターを震撼させた。過去数十年間、新型コロナウイルス感染症のような全世界的な大混乱は誰も経験したことがなかった。

すべてが突然停止し、企業どころか産業界全体が休業を余儀なくされた。何十万人もの人々が亡くなった。数百万人が解雇された。さらに数百万人が自宅待機となった。かなりの数の企業が破産を申請し、数百万までいかずとも数十万の小規模企業が廃業に追い込まれた。企業収益が深刻な影響を被り、驚くことではないが、あらゆる企業において、マーケティング予算は、完全になくなりはしないまでも大幅に削減された。原油価格が下落した。感染者は自宅隔離となり、ソーシャルディスタンスとリモートワークが標準化した。

人々の生活は、どれほど現実離れした物語の書き手でも想像できなかったほどに破壊された。

「空前の規模と犠牲と影響をもたらす危機（クライシス）をつくり出せ」と言われても、「コロナ危機」を超えるものはできないだろう。そして、クライシスマネジメント〔危機管理〕を学ぶ学生にとっては、世界じゅうのエコシステムがあらゆる側面で影響を受けた今回の危機ほど多くを学べるテーマはないはずだ。ある意味、将来への備えという点でコロナ危機とその教訓ほどうってつけの教材はないのではないだろうか。

ロックダウンの期間中、人々は生活スタイルを見直さざるを得なかった。そして、そこで起こった各種の変化は著しい影響を及ぼしている。そのうちいくつかは新しい行動様式として定着した。消費者は、もはや完全にコロナ危機以前の状況に戻ることはできない。

たとえば、オンラインショッピングは、それまで未経験だった多くの人たちにとって新しい習慣となった。人々は新しい方法（オンラインショッピング、ビデオ配信チャンネル）、新しい製品（手の消毒剤）、新しい社会的交流（Ｚｏｏｍ飲み会）、新しい仕事スタイル（リモートワーク）、新しい健康と幸福（ヨガ、瞑想、健康食品、サプリメント）、新しいラグジュアリーの有り様（モノの所有ではなく、ラグジュアリーであること、ラグジュアリーにふるまうこと）などへの挑戦を、まさに強制されたのだ。それらすべてが、人々が今後生活を送るうえで永久に消えない印となった。

そして当然、マーケティングはこの新しい常態（ニューノーマル）に適応しなければならない。これもまた、第5パラダイムとクオンタム・マーケティングを特徴づける大きな変化、変質の現れなのだ。新

あるいはその企業のＣＥＯが、「自分たちはパーパスである北極星（ノース・スター）を全力で追求している」と熱弁をふるうことはたやすい。しかし、ひとたび危機に見舞われれば、パーパスの追求は難しくなるだろうし、企業も混乱してしまうかもしれない。

実際のところ、パーパスこそ北極星であるべきで、その位置は変わらない。企業は道に迷ったらそこを目指せばよい。それが洪水であれ、台風であれ、火災であれ、比喩的に（そして文字どおりに）言えば、パーパスは不動だ。

それでも、何が変わるかと言えば、そのパーパスにもとづきながら、マーケターが目の前の状況により適した各種の戦術や戦略を駆使してどう行動するかだ。好況時か不況時かにかかわらず、マーケターは困難を乗り越えながら前進しなければならない。

尽くす vs. 売る

相手に「売る」べきときと、「尽くす」べきときがある。平時であれば、マーケターはより積極的に、継続的に、そして適切に、企業の商品やサービスを顧客や消費者に働きかけて、「売ろう」とするだろう。

しかし、危機は売るべきときではない。尽くすべきときだ。

当然、危機は販売目標を追求するときではない。「まさかのときの友こそ真の友」とはなんともうまく言い当てている。ブランドが人々とともにあり、過酷で困難な時期に尽くせば、潮目が変わって景気が回復したときに、相手はそのブランドから離れないだろう。

危機に便乗すべきではない。危機とは、信頼が築かれるときか壊れるときなのだ。もしもブランドが利己的、日和見的、あるいはもっと悪く言えば搾取的だと見なされれば、信頼は壊れる。危機のときに顧客に尽くせば、持続的な信頼関係が築かれる。それこそまさにプライスレスではないか。

「搾取」はブランドのためにならない

マーケターや企業は、どのような状況下でも顧客や消費者から搾取してはならない。危機のあいだは品物が不足するかもしれないし、人々が切実に必要とする品物が生じるかもしれない。それは価格を引き上げて消費者からお金を巻き上げる格好の機会にも見える。選択肢が他にない人たちは、それでも買うかもしれない。

しかし、彼らはそのことを忘れない。景気が回復したときに、あるいはブランドが彼らを必要とするときに、もはやブランドからはそっぽを向くはずだ。

私は、2020年のコロナ危機において、一消費者としてそれを体験した。ロックダウンの期間中、自宅で仕事をしていた私は、自分のタブレット端末用にスタンドを購入しようと考えた。商品の価格は61ドルとそれなりだった。しかし、配送料を見て椅子から転げ落ちた。

211ドル！　通常時なら、25ドル以上の注文で配送料は無料になるのに。同じように、手の消毒剤を注文したとき、価格は普段の8倍にもはね上がっていた！

これは搾取であり、便乗値上げ以外の何物でもない。このようなオンライン店舗を私が再訪することなど、考えられるだろうか？

信頼の構築と促進はとても重要な問題だ。不公正かつ搾取的な短絡的戦術は、決してブランドのためにならない。

社内も社外も「明確さ」で一致団結

危機に際しては、広報あるいはコミュニケーションチームが決定的な役割を果たす。いま何が起こっているのか、ブランドはそれに関して何を行っているのか、状況をできるかぎり制御するためにブランドが適正な行動を取っているから安心できる理由など、社内外の主要な関係者全員に正確な情報を伝えることはとても重要だ。これほどの重要事項はないと言えるだろう。

それはまず、社内コミュニケーションから始まる。CEOや経営委員会だけでなく、全社が対象だ。そうすれば、誰かがパニックになったり、根拠のないうわさ話が飛び交ったりといった事態を回避できる。全員がすべての関連情報を知るべきであり、全員が同じ情報レベルで行動すべきだ。従業員は、平常時にはその企業の最良の支持者であり、危機のときにはなおさらそうなる。

社外の関係者に対しては明確な戦略を示し、こちらから積極的に働きかけ、適切な情報共有を行うべきである。たとえばインフルエンサーがブランドを支持してくれるように仕向けよう。これはいつもと趣きの異なるインフルエンサー・マーケティングだ。

コミュニケーションの専門家がSNS上での争いを回避する様子を、私はこれまで何度となく見てきた。当然のことだが、彼らは、ブランドが自らを守り、説明しようとすれば、状況を悪化させ、報道を無用に長引かせるだけだと考えているのだ。だから、「メディアが次の獲物をつかまえてこちらに関心を向けなくなるまで、騒ぎに立ち入らず、傍観するべきだ」と提言するのだ。

しかし、企業にとっては、逃げたり隠れたりせずに自らの主張をはっきり示して、状況を積極的に解明しようとしたほうがよい場合もしばしばある。ブランドは決然としていることが重要だ。もしも企業が過ちを犯したら、素直に認め、謝罪し、その過ちを正すためにとっている行動を消費者に伝える必要がある。そこで沈黙していれば、SNSに集う人たちが裁判官と陪審員になってしまう。もしも企業側に落ち度がなければ、そのことを明確にすべきだ。問題解決に向けて、議論に加わり、人々が企業側の言い分にも耳を傾けるようにすることが賢明な取り組みと言えるだろう。

普段からブランドの支持基盤を築いておくことが重要だ。そうすれば、危機に際して手を差し伸べてくれるはずだ。

危機でのマーケティング予算は冷静に

危機に見舞われれば、マーケティング予算はほぼ確実に影響を受ける。社会が混乱に陥れば、消費が影響を受け、企業収益は下がる。収益が下がれば、予算が削られるのは自然の成り行きだ。通常、マーケティングは企業にとって最大の支出項目の一つなので、CEOやCFOがマーケティング予算の削減に動いたとしても不思議ではない。

重要なのは、マーケターが自分たちを犠牲者だと考えず、大局的見地に立つこと、予算をため込もうなどとしないことだ。

私はCFOと「マーケティング部門がどうすれば信頼関係を構築できるか」といった話をするのだが、まさにこうした危機のときにこそマーケターが幹部の前に歩み出て、一方では予算について成熟した態度を見せつつ、もう一方で企業の置かれている状況に理解を示し、会社のために正しいと思う行動をとる必要がある。

危機の最中、マーケターは何を優先させて何を優先させないのか、順序をつけて優先事項に集中すべきだ。好況期なら、必要な施策をすべて実行できるかもしれないが、不況になって予算が不足すればそうはいかないのだから。

決して歩みを止めるな

危機の最中にマーケティング予算を削減する必要が生じても、大切なのは「活動を停止しないこと」だ。危機のときこそ、ブランドはメッセージを発信し、適切に存在感を発揮しているべきだ。

消費者や顧客の気持ちに耳を傾け、無神経にならないことがきわめて重要だ。古くからの言い習わしにもあるとおり、正しいことを言うときでも、正しい言い方が重要だ。当然、適切なメッセージ戦略を立て、適切なストーリーを、適切なトーンで、そして何より適切なタイミングで発信しなければならない。このうち一つでも欠ければ、意図したメッセージとは異なる受け取られ方をしてしまうだろう。

ブランドが不誠実、または利己的と見なされれば、それがブランドにとって終わりの始まりにもなりかねない。

ユーモアに関してはぜひ一言注意を喚起したい。マーケターは、危機的状況でのユーモアの使い方に特に神経を使うべきだ。ユーモアは、うまく活用すれば、多くの場合は効果を発揮するが、人々が傷ついているときには、あざけりや無神経と誤解される可能性だってある。

もう一点、大量に発生する「同一性の問題」についても注意をしたい。コロナ禍で目の当たりにしたように、ほぼすべてのブランドがまったく同じテーマを掲げ、薄気味悪いほど似通ったメッセージを発してしまう。

たとえば「医療従事者に感謝」というようなことだ。こうした波にのまれてしまうと、ブランドが埋もれる危険がある。すべてが見分けのつかない一つの塊となり、活動がブランドに一切帰属しなくなる。

関係者との連携はとりすぎるくらいが最高

危機のとき、マーケターはチームメンバーやパートナーのエージェンシーとどれほど緊密に連携を取っても取りすぎることはない。マネジャーや経営幹部がチームメンバーの側にいると理解してもらわなければいけない。チームメンバーとエージェンシーからは、幹部が目に見える存在、自分たちとつながっている存在に感じられることが重要だ。

組織運営はフルコンタクトスポーツのようなものだ。つまり、マネジャーの側からチームメンバーに何度も働きかけることが重要なのだ。正直で透明性をもったマネジャーや経営幹部は尊敬される。幹部はパニックに陥ってはならない。彼らは全員に意見を出すよう促し、その意見を受け入れなければならない。

自分だけの作戦帳（プレーブック）で

クライシスマネジメントについて書かれた本は山ほどある。マーケターは、そこから自分なりの方法を構築するとよいだろう。

あらかじめ詳細なリスク軽減、リスク封じ込めの計画を整備して、リスクヒートマップと組み合わせるべきだ。チームは、作戦指令室から指示を出す演習を含めて十分な訓練を積んでおこう。

第5パラダイムのスピードと規模を考えれば、今後さまざまな危機に遭遇することは、間違いない。予測して、立ち向かうための準備を整えておくことだ。

第17章のまとめ

↓危機は必ずやってくる。次に遭遇する危機の規模が大きくても小さくても、マーケターはつねに準備を整えておく必要がある。マーケターは、仮にではなく、実際に危機が発生すると考え、損害を封じ込めるために戦略、計画、戦術を切り替える準備をしておこう。

↓マーケティング部門のリスクマネジメントでは、リスクヒートマップ、クライシスマネジメントプラン、チームメンバーの訓練プログラム策定とアップデートに重点を置くことが不可欠だ。

↓危機とは、販売目標を追求するときではない。「まさかのときの友こそ真の友」と正しく言い表されているように、ブランドが人々から離れず、過酷で困難な時期に尽くせば、潮目が変わって景気が回復したときに、彼らはブランドから離れないだろう。

↓クライシスマネジメントに社内コミュニケーションは欠かせない。企業の従業員は、平常時にはその企業にとって最良の支持者であり、危機のときにはさらにそうなるのだ。

↓危機のときにマーケティング予算は削減されるかもしれないが、活動を停止しないことが重要だ。危機のときこそ、ブランドはメッセージを発信し、適切に存在感を発揮する必要がある。

第18章

誰もが未来のクオンタムＣＭＯ ～マーケターがもつべき21のポイント～

私は、本章を大いなる希望と楽観論から始めようと思う。先に、マーケティングが存亡の危機にあると書いたが、私は「マーケティングは復活を果たす」という強い確信ももっている。マーケティングにはビジネスの勢いを強烈に加速し、企業に著しい競争優位性をもたらす力があるからだ。言い換えれば、マーケティングこそ真の戦力倍増（フォース・マルチプライヤー）機能なのだ。

マーケターにとって重要なのは、ＣＥＯや他の上級幹部に対して、マーケティングがビジネスにもたらせるもの、会社のために発揮できる価値を実証することだ。

マーケティングが企業のために生み出せる素晴らしい競争優位性、そしてそれがビジネスを加速させ、パフォーマンスを高められるものだと示す必要がある。幹部たちに、マーケティングがどのように収益を拡大し、顧客獲得数を増やし、リテンションを促進し、全体として評判を高められるのかを説明する必要がある。マーケティングがどのように企業の短期的、中期的、長期的な成長を確実なものにできるのかを示す必要がある。

第5パラダイムの到来により、企業の成功にとってマーケティングがかつてなかったほど重要な役割を果たすことになる。第5パラダイムにおいて、世界は根本から変わるだろう。新しいテクノロジーが怒涛のごとく押し寄せる。データ量が急増し、アナリティクスが普及し、万能なAIのおかげでデータの並外れた可能性が開花し、それらすべてが民主化されて、規模を問わず、あらゆる企業が活用できるようになる。商品特性は平準化し、過激な価格競争があたりまえになり、あらゆる産業が混乱に陥る。

企業はどうすれば自社のブランド、商品、サービス、キャンペーン、その提供価値を差別化できるだろうか？　情報過多で消費者の集中力が持続しなくなっている現在、企業はどうやって競合勢に埋もれず、消費者と絆を結び、自社を選んでもらうよう働きかければよいのだろうか？　消費者の生活のあらゆる局面で信頼が損なわれているこのごろ、企業はどうやって信頼と持続的なブランドアフィニティとプリファレンスを築けばよいのだろうか？

私たちの行く手には、かつてないほど圧倒的(クオンタム)な規模で難題が立ちはだかっている。

企業の提供価値を際立たせるのは、商品のつくりや機能ではない。価格や安易な人まねのプロモーションでもない。マーケティングの役割は、近い将来確実に、きわめて重要なものとなるだろう。そして恐ろしいことに、多くの企業はまだそのことに気づいていない。マーケティングの機能にはっきりとした期待が寄せられ、それを発揮できるような力が与えられれば、大

それが人工知能の驚異的な力と組み合わされば、強力なゲームチェンジャーとなるだろう。クオンタムCMOは、これらすべてをしっかり理解しているので、自らの指導力をリスクにさらすこともない。

6. クオンタムCMOはテクノロジーに精通している。必ずしも個別テーマの専門家というわけではないが、少なくとも適切な質問を投げて、内容が薄い回答を見抜けるだけの理解度と実践的な知識をもっている。彼らは、そうした新しいテクノロジーをどう駆使すれば、同じカテゴリー内の競合商品にとどまらず、カテゴリーを越えてあらゆる競争相手に先んじられるのかを思い描き、それをチームメンバーたちに考えるよう促している。

7. クオンタムCMOは、マーケティング活動と業績という二つの点をつなげられる。莫大な予算を管理している以上、彼らには成果を挙げる責任と説明義務がある。クオンタムCMOが所属する企業のCEOやCFOは、マーケティング部門が行っている活動、それがさまざまなレベルで企業に与えている付加価値、売り上げや収益の伸びへの貢献について、正確に理解している。マーケティングは企業の成長戦略において決定的な役割を果たすことが可能だし、またそうでなければいけない。

8. クオンタムCMOは、大きなビジョンを掲げ、周囲を鼓舞するリーダーだ。ここでビジョンに言及したのは、いまはあらゆることが圧倒的に変革する時期だからだ。今後どのような可能性がありうるか、思い描いてみよう。

クオンタムCMOは地平線の向こう側を見ている。つまり、猛スピードで近づく未来に対応するばかりでなく、その先の未来を形成しようとしている。そうすれば、まさにいま求められる圧倒的な競争優位を築くことが可能だ。クオンタムCMOには、大きな思考、大きなビジョン、あらゆるものが混沌(こんとん)としているなかで物事の全体像をつかむ力がある。そして、それをもとに気持ちを沸き立たせ、ひらめき、企業に素晴らしい未来をもたらす構想を推進する。

9. クオンタムCMOは、力強く、かつ親身になるリーダーだ。なぜなら、この変革期にチームを文字どおり大きく動かしているからであり、それは決して簡単な仕事ではない。人々は、あまりにも早い内外の変化に直面し、もがき、途方に暮れている。

クオンタムCMOは、混乱のなかで人々を導き、大きな理想を描き、具体的に提示し、意味をひもとき、全体像をわかりやすく伝え、チームメンバーとともに第一線に立ち、ともに困難を切り抜け、彼らの士気を高め、最高の力を発揮できるよう鼓舞する。そして、自分たちも勝利チームの一員だと実感させる。

10. クオンタムCMOはマーケティングの伝道者だ。マーケティングを重視していない会社であれば、なおさらそうだ。彼らは堂々としていて自信にあふれ、部門の垣根を越えてさまざまな人たちに働きかけ、共感を得て、マーケティングのもつ力とそれが彼らのビジネスにもたらす変化を実証する。マーケティングにできることの可能性を、単にバラ色の未来を描くのではなく、具体的な成果をもって示して、企業文化の変革を促す。CMOはCEOやCFOと同じ経営の言葉を話すので、組織内でうまくやっていける。こうした企業の多くでマーケティングが有効に活用されなかった過去の経験を踏まえて、彼らはマーケティングの力を単に提案するだけでなく、実証する。

そしてそのために、一層の努力を重ねる。実際に、彼らはマーケティングのイメージを刷新し、社内での認識を変えようとする。信頼できる実績を積み重ねるが、それは会社にマーケティング部門への投資を続けてもらうためだけでなく、会社の業績を向上させ、強固な競争優位を築くための重要な事業推進力としてマーケティングを位置づけてもらうためだ。

11. クオンタムCMOは、大いなる好奇心と俊敏さを備えている。

私たちの多くは、何年も前にマネジメントスクールへ通った。そしてそれ以降、あらゆる変化が起こった。クオンタムCMOは、ごく初期のマーケティング・パラダイムに縛られない。時代遅れにならないよう、あらゆる変化に対応する。自ら学びつづけ、最新情報、大きな動きを吸収し、つねに最先端の知識をもっている。定期的に時間を割いて新しい情報を読み、特定分野の専門家に教えを請い、潜在的な応用分野に関する白書を読む、といった努力を欠かさない。

そう、クオンタムCMOは、変化と同じスピードで前進するための時間と努力を惜しまない。

12. クオンタムCMOは物事をグローバルに考える。CMOの多くは、なかでもアメリカ出身者は、アメリカ中心に発想する。

しかし、多くのことはむしろアメリカ国内よりも国外で起こっているのだ。クオンタムCMOはグローバルな視点を取り入れ、文字どおり世界を舞台に活躍する。

一度か二度は自ら進んで母国以外で勤務し、国が異なれば文化のニュアンスがどれほど異なっているのか、従業員の考え方がどれほど大きく違うものか、法規制の環境が異なるのか、異なる文化と異なる社会構造の下でさまざまな行動原理がどう出現するのか、といったことを肌で実感している。

13. クオンタムCMOはチームビルダーだ。チームメンバーはそれぞれ、ある領域に深い知見をもっていても、別の領域には詳しくないかもしれない。

「すべてに精通した、完成された人材を見つけることなど不可能」と言っていいだろう。

だから、クオンタムCMOは確かな才能、優れた姿勢、素晴らしい労働倫理、卓越した文化的思考力をもち、会社に適していて、好奇心にあふれ、機敏な人材を獲得する。そして、彼らに学んでもらい、互いに学び合ってもらう。独学、オンラインプログラム、グループトレーニング、大学、他部門での研修、ジョブローテーション、その他さまざまな方法を駆使して、学びにつなげてもらう。

14. クオンタムCMOは、マーケティングは会社の重要なアンバサダーとして顧客と向き合う役割をもっていると考える。クオンタムCMOは現場に立ち、流通業者、販売担当の同僚たち、チームメンバー、顧客と見込み客、エージェンシーその他のパートナー、地域のメディア、地域のマーケティングや広告関連企業、同業他社のCMOなど、さまざまな人たちと直接会って話す。彼らはつねに、マーケティングをもう一段上のレベルへと引き上げるための機会を探し、実行している。現場を見て、顧客や同僚たちと交流して、会社の商品やサービスを気に入ってもらうよう働きかけることほど新しい気づきに満ちた体験はない。

15. クオンタムCMOは、自分の役割がブランドや会社を成長させ、守るだけでは終わらないことを理解している。信じられないほど強いマーケティング力を発揮して、影響を及ぼせば、状況をよりよくできることに気がついている。マーケティング業界の人たちと、さらにマーケティング・エコシステム全体にわたる関係者たちと手を携えれば、社会全体を大きく変えられると知っている。

私たちマーケターは、合算すれば毎年総額1兆ドルを優に超える予算を使っている。マーケティングは文化的な規範、願望、ロールモデルを形成している。私たちは大きな影響力を手にしているのだ。そうした強大な力には責任が伴う。社会で善いことをする責任だ。それは何もそうすることが流行だからとか、誰かに求められているからではなく、「正しい」からだ。

クオンタムCMOは、会社と関連性があり、かつ社会にとって善いことなら、分野を問わず取り組む。たとえばインターネットを安全な空間にする。後世のすべての生き物にとって安全な地球をつくる。飢餓を撲滅する。がんの治療法を発見する。注意すべきは、ブランドに対して社会的な善行を望み、求めているのが消費者だという事実だ。それは重要な動機の一つであるが、クオンタムCMOは、マーケター自らその必要性を感じることも大切だと知っている。

だからこそ、彼らは社会やコミュニティーにしっかりとアンテナを向けており（結局のところ、健全なマーケターとして、彼らは人々の生活、生活環境、願い、ペインポイントをしっかりと把握している）、それらの声に共感し、行動する感覚をもっている。

16. クオンタムCMOは、たとえ素晴らしい未来が見えはじめているとしても、たとえばプライバシー、ブランドセーフティー［広告が適切なウェブサイトで表示されていること］、エージェンシーの透明性その他に関する規制を設けるうえで重要な役割を担っている。マーケティングに関する多くの根本的、基礎的な要素は再定義されており、クオンタムCMOは積極的にその作業にかかわっている。彼らは世界広告主連盟、全米広告主協会、各国のマーケティング協会などを通じて業界団体に加わる。そして、方針を策定し、業界の基準を決める、といった作業に携わっている。

17. クオンタムCMOは良きパートナーである。一つの企業だけですべてをつくったり、発明したりできるわけではないし、CMOとチームメンバーたちだけで何もかもこなせるわけでもない。

実際、私自身のキャリアを振り返っても、革新的なアイデアのほとんどは外部の小規模企業からもたらされてきた。シリコンバレーやその他の地域で生まれたスタートアップ企業だ。私は、ビジネス推進への強い意欲をもち、成功へ向けてひた走る彼らと手を組むことが大きなメリットにつながると考えている。私たちはすぐに開発作業へとりかかり、新しいアイデアをもって市場へ出向くことができる。そして同時に、それらのスタートアップ企業に対しては規模の拡大や市場での販売力強化を支援するのだ。

18. クオンタムCMOは、エージェンシーに関する現実主義者（リアリスト）だ。私がキャリアの初期に出会った上司の一人は、「エージェンシーとは業者ではなく対等なパートナーなのだ」と私に言った。私はこれまでのキャリアを通じてこの言葉を反芻（はんすう）してきたが、未来に向けても正しい考え方だと思う。

クオンタムCMOは、パートナーエージェンシーにはつねに対等なパートナーとして向き合うことによって、チームメンバーの手本になっている。エージェンシーは費用を支払うただの外注先かもしれないが、マーケターが魔法を生むための力になってくれる存在なのだ。

たとえ、エージェンシーの事業モデルが変わっても、多くのコンサルティング会社がエージェンシーの事業領域に参入しても、エージェンシー機能が内製化されたとしても、エージェンシーは私たちが成功へ向けて進むうえで欠かすことのできないパートナーだ。

マーケティングチームの拡人組織である彼らは、チームの成功を自分事として捉えている。両者は完全に同じ目標を共有している。それはすなわち双方の全員が誇りに思い、市場でブランドに有益な効果をもたらし、会社の業績向上につながる仕事を行うことだ。クオンタムCMOは、エージェンシーの意欲をかき立てることの重要性を理解している。

彼らの創造性は、服従させられること、仕事を他社へ移すと脅されること、フィーを値切られつづけることによってではなく、パートナーシップを通じて最大限に発揮されるのだ。

19．クオンタムCMOは、自らの健康を管理する。他の経営幹部たちと同様、CMOも絶えずプレッシャーにさらされている。

とはいえ、自分が最適な健康状態になければ、最大のパフォーマンスを発揮できないこともわかっている。誰にとっても身体の健康はとても重要だが、時差を越えて頻繁に移動し、あらゆる時間にあらゆる種類の食事をし、カスタマーイベントに出席し、普通の人たちよりも忙しくしている彼らにとってはなおさらだ。

しかし、彼らには自分の身体を健康に保つ責任がある。健康的に日常業務をこなし、健康的な食事をとり、十分な睡眠をとる必要があるのだ。創造性を発揮しつづけるためには、最高の精神状態も求められる。

私が個人的に最も効果的だと思っているのは瞑想（メディテーション）だ。1日に30分程度のメディテーションは、心の安定と穏やかさをもたらすばかりでなく、人の創造性に著しい影響を与える。クオンタムCMOは、心に栄養を与えるために、読書も多くする。

20. クオンタムCMOには、高い知能指数（IQ）、高い感情指数（EQ）だけでなく、高い創造性指数（CQ）も備わっている。マスターカードの取締役会長であるアジェイ・バンガの言葉を借りれば、彼らには「高い良識指数（DQ）」も備わっている。何より、クオンタムCMOは良識ある人間だ。相手がチームメンバーであれ、他部門の同僚であれ、外部の業者であれ、パートナーのエージェンシーであれ、クオンタムCMOは全員にリスペクトと公正性をもって向き合う。クオンタムCMOは、IQとEQとCQとDQをバランスよく兼ね備えている。

21. クオンタムCMOは、これまでの仕事に満足し、目の前の仕事に意欲をかき立てられ、今後の仕事を楽しみにしている。もしもそう思えないときは、仕事のやり方を変えるか、その地位から去るだろう。単調でつまらない仕事に時間をとられ、日々不安な気持ちですごして、大切な人生を無駄にする必要はないとわかっているからだ。
才能ある人々にとって、世界はチャンスに満ちている。自分がいつでも最適な仕事と出合えることを、彼らは知っている。第5パラダイムで競争は熾烈さを増し、ビジネスの分野は構造的な変化に直面するだろう。マーケティング活動の必要性が感じられ、認識されて、したがってクオンタムCMOには多くの機会が訪れるだろう。

最後に一点、これはCEOのみなさんに向けて。

もしもCMOの採用をお考えなら、マーケティングをよく理解し、経験した人を置いてほしい。マーケティングは一般常識だけでは回せない。マーケティングでは、アートとサイエンスをうまく融合させる必要がある。感覚的なニュアンスにきわめて敏感でなければならず、抽象的な話を言語化する能力が求められる。何年もマーケティングを経験した人なら、そうした状況もわかっていて、単なるアルゴリズムを超えて判断する力が身に付いているだろう。

CMOは、マーケティングの伝道師として、社内の他部門にその役割を理解してもらい、彼らと強い絆を結ぶ必要がある。一般常識や一般的な管理経験だけをもって付け焼き刃で仕事をすることはできない。

そもそもマーケティングとは、単に人とプロセスを管理し、投資効果を最適化するのではなく、社内のチームや社外のパートナーのやる気を引き出しながら、全員で会社のために魔法の力を発揮することだ。それは創造性のための創造性ではなく、業績を向上させて、大きな競争優位を築くための創造性だ。

あらゆるものが均一化してしまった世界において、それが商品機能であれ、商品力であれ、サプライチェーンの効率性であれ、別の何かであれ、他社と差別化し、際立たせ、ブランドに対する信頼、憧れ、親しみを築くために、マーケティングは求められる。

まさに知識と経験があり、多才で、ビジネス意識をもち、その他、本章で掲げた21の特徴を兼ね備えた人が求められる。

つまり、あなたに必要なのは、クヽヽヽヽヽヽオンタムCMOなのだ。


私は、「マーケティングが本来あるべき場所へ戻れる」と確信している。スポットライトが当たる場所、ビジネスを推進して成果を挙げる場所、誰もが楽しく仕事をできる場所だ。

現役のマーケターは、次世代のクオンタム・マーケター養成にも力を尽くそう。将来のマーケター候補が学んでいる大学で、自分たちの知識を共有することも重要だ。彼らが、最高の教授陣から、正しいツールを使って、正しい教えを受けられるようにしよう。そのためにも、インターンの学生には単調で中身の薄い調査業務などではなく、より本格的なプロジェクトを与えよう。

教授陣には、現実の世界で実際に行われた仕事にもとづくケーススタディを提供しよう。学者と実業家は、頻繁に交流し、学び合うべきだ。教授たちがCMOのもとへ出向き、現場の様子を直接見られるならさらによい。同様に、マーケターが大学を訪れて一つか二つの講義を担当できれば素晴らしい。

ここまで全18章にお付き合いいただき、感謝を申し上げる。本書があなたの役に立つことを願っている。すべての論点について同意できないとしても、本書が注意喚起、思考のきっかけ、あるいは何らかのインスピレーションになったとすれば、執筆の目的は達成できたと考えている。

なお、私に連絡したい方は、ツイッターの@RajaRajamannar、あるいはリンクトインからどうぞ。

あなたの活躍を心から祈っています！

ありがとう！

謝辞

私はつねづね、変わりゆくマーケティングの未来について考えてきた。そして過去数年間は、マスターカードやそれ以前の数社で担った役職において自分の考えてきたことを実践するだけでなく、フォーラム等の場でも何度か話をしてきた。

2019年の中ごろに、私は本書のコンセプトを書きはじめた。30年以上にわたるマーケティング業界での経験から得た知見を記録しておこうと考えたからだが、それ以上に重要なこととして、マーケティングの未来に関する私のビジョン、視点、意見を書き留めるためだ。

幸運だったのは、私の著作権エージェントであるスコット・ホフマンが、本書に可能性を見いだし、私の熱意が込められたプロジェクトにとても貴重な提言をくれて、実現まで伴走してくれたことだ。スコットには心から感謝している！

サラ・ケンドリックにも感謝したい。ハーパーコリンズ・リーダーシップのシニアエディターである彼女は、私の仮説、コンセプト、主張に批判的な見地から検証を加えてくれた。そのおかげで、出来上がりがはるかによいものとなった。出版までのプロセス全体を通して彼女から優れた知見と支援を受けられたことは、私にとって何より幸運だった。

また、ジェフ・ファー、デイヴィッド・マクニール、ロン・ホイジンガなど、ハーパーコリンズ・リーダーシップの素晴らしい人たちにも感謝している。本書の発売にあたり、マーケティングとPRのプランを立てて、見事に実施してくれたシシリー・アクストンにもお礼を言いたい。

本書の執筆過程全般を通じて私をサポートしてくれたジョン・ガフニーにも感謝する。

原稿を読んで、貴重なフィードバックや賛辞をくれた仲間たちやマーケティング業界のリーダーたちに感謝の気持ちを伝えたい。彼らがくれた大げさなまでに肯定的な感想から、私は前へ進むためのエネルギーをもらった。

最後に、私の家族、教師、友人、そして長年の付き合いになる同僚たちに感謝を伝えたい。今日の私があるのは、彼ら全員から受けた影響が大きい。ありがとう。

そして、私の精神的な師であるシュリ・パラカラ・スワミの長年にわたる導きに感謝し、本書を彼に捧げる。

4. "Two-Thirds of Consumers Worldwide Now Buy on Beliefs," Edelman, October 2, 2018. https://www.edelman.com/news-awards/two-thirds-consumers-worldwide-now-buy-beliefs#:~:text=Nearly%20two%2thirds%20(64%20percent,13%20points%20from%20last%20year.
5. Zameena Mejia, "Nearly 9 Out of 10 Millennials Would Consider Taking a Pay Cut to Get This," CNBC, June 28, 2018.https://www.cnbc.com/2018/06/27/nearly-9-out-of-10-millennials-would-consider-a-pay-cut-to-get-this.html.

第16章

1. "2019 Edelman Trust Barometer Special Report: In Brands We Trust?" Edelman. https://www.edelman.com/sites/g/files/aatuss191/files/2019-06/2019_edelman_trust_barometer_special_report_in_brands_we_trust.pdf
2. The World's Most Ethical Companies のホームページ。https://www.worldsmostethicalcompanies.com.
3. "'Ethical Consumers'—Why CP Companies Need to Act Fast," Capgemini, April 3, 2019.https://www.capgemini.com/us-en/2019/04/ethical-consumers-why-cp-companies-need-to-act-fast/.
4. "WFA Launches World's First Guide on Data Ethics for Brands," World Federation of Advertisers が June 1, 2020 に出したプレスリリース。https://wfanet.org/knowledge/item/2020/06/01/WFA-launches-worlds-first-guide-on-data-ethics-for-brands.
5. "FIXD — Never Get Ripped Off by Mechanics Again," YouTube 映像。April 19, 2017 にアップロードされた。https://youtu.be/jDasRRpmWZ0.
6. "Media Transparency Initiative: K2 Report," ANA のプレスリリース。https://www.ana.net/content/show/id/industry-initiative-media-transparency-report.
7. Paul Nicholson, "Global Sports Sponsorship Spend to Drop by 37% to $28.9bn, Says Report," Inside World Football, May 18, 2020.http://www.insideworldfootball.com/2020/05/18/global-sports-sponsorship-spend-drop-37-28-9bn-says-report/.
8. "Corruption in Sport," Interpol の犯罪に関する Webページ。https://www.interpol.int/en/Crimes/Corruption/Corruption-in-sport

com/future/article/20190625-why-we-need-to-talk-about-cheating.
2. James Surowiecki, "Twilight of the Brands," *New Yorker*, February 9, 2014.https://www.newyorker.com/magazine/2014/02/17/twilight-brands.

第11章

1. Kevin McSpadden, "You Now Have a Shorter Attention Span Than a Goldfish," *Time*, May 14, 2015. https://time.com/3858309/attention-spans-goldfish/.
2. Ryan Holmes, "We Now See 5,000 Ads a Day . . . And It's Getting Worse," LinkedIn, February 19, 2019.https://www.linkedin.com/pulse/have-we-reached-peak-ad-social-media-ryan-holmes/.
3. Bryan Clark, "More Than 600 Million Devices Worldwide Are Now Using Ad-Blockers," The Next Web, February 7, 2017.https://thenextweb.com/media/2017/02/07/more-than-600-million-devices-worldwide-are-now-using-ad-blockers/.
4. "Is Ad Blocking Past 2 Billion Worldwide?" Doc Searls Weblog, March 23, 2019.https://blogs.harvard.edu/doc/2019/03/23/2billion/.
5. Manish Singh, "Samsung's Preloaded Browser for Android Gets Ad-Blocking Support," Gadgets 360, February 1, 2016.https://gadgets.ndtv.com/apps/news/samsungs-preloaded-browser-for-android-gets-ad-blocking-support-796827.
6. Paige Cooper, "43 Social Media Advertising Statistices That Matter to Marketers in 2020," VII Digital, April 23, 2020https://www.viidigital.com/43-social-media-advertising-statistics-that-matter-to-marketers-in-2020/
7. Roberto Garvin, "How Social Networks Influence 74% of Shoppers for Their Purchasing Decisions Today," Awario, May 11, 2019.https://awario.com/blog/how-social-networks-influence-74-of-shoppers-for-their-purchasing-decisions-today/.
8. "A Night with Mona Lisa," Airbnb Newsroom.https://news.airbnb.com/louvre/.
9. "Brandz Top 100 Most Valuable Global Brands 2020," Brandz. https://www.diffusionsport.com/wp-content/uploads/2020/07/2020_BrandZ_Global_Top_100_Report.pdf

第12章

1. Jennifer Faull, "Brands Form 'Voice Coalition' to Prep for Alexa and Siri Changing the Way We Shop," Drum, June 19, 2019.https://www.thedrum.com/news/2019/06/19/brands-form-voice-coalition-prep-alexa-and-siri-changing-the-way-we-shop.

第14章

1. "What Is The Instagram Live Donation Feature?" Digital Media Solutions, May 4, 2020.https://insights.digitalmediasolutions.com/news/instagram-live-donations.

第15章

1. "Leadership Series: Purpose-Driven Leadership," EY.https://www.ey.com/Publication/vwLUAssets/ey-purpose-driven-leadership/$File/ey-purpose-driven-leadership.pdf. ［リンク切れ］
2. Robert E. Quinn and Anjan V. Thakor, "Creating a Purpose-Driven Organization," *Harvard Business Review*, July–August, 2018.https://hbr.org/2018/07/creating-a-purpose-driven-organization.
3. "The Economic Graph Research CFP," LinkedIn Economic Graph Research.https://engineering.linkedin.com/teams/data/projects/economic-graph-research.

spend-is-wasted-.html.
3. Matt Marshall, "IBM-Unilever Blockchain Pilot Cuts Wasteful Ad Spend," Venture Beat, August 15, 2019.https://venturebeat.com/2019/08/15/ibm-unilever-blockchain-pilot-cuts-wasteful-ad-spend/.

第8章

1. Ismail Serageldin, "Ancient Alexandria and the Dawn of Medical Science," National Center for Biotechnology Information, December 30, 2013. https://www.ncbi.nlm.nih.gov/pmc/articles/PMC3991212/.
2. Joe Dawson, "Who Is That? The Study of Anonymity and Behavior," *Observer*, Association for Psychological Science, March 30, 2018.https://www.psychologicalscience.org/observer/who-is-that-the-study-of-anonymity-and-behavior.

第9章

1. Iris Hearn, "What Mastercard Is Teaching Marketers about Sonic Branding," Impact, February 13, 2019. https://www.impactbnd.com/blog/mastercard-sonic-branding.
2. Mark Wilson, "Mastercard Just Launched a Sonic Logo. Here's What It Sounds Like," *Fast Company*, February 13, 2019.https://www.fastcompany.com/90305949/mastercard-just-launched-a-sonic-logo-heres-what-it-sounds-like.
3. Tim Nudd, "Hear Mastercard's New Brand Melody in Various Apps, Styles and Places," Muse by Clio, February 13, 2019.https://musebycl.io/music/hear-mastercards-new-brand-melody-various-apps-styles-and-places.
4. Allen Adamson, "Mastercard's Smart New Branding Strategy Speaks Louder Than Words," *Forbes*, January 7, 2019.https://www.forbes.com/sites/allenadamson/2019/01/07/mastercards-smart-new-branding-strategy-speaks-louder-than-words/#ea332b65dbcd.
5. "Merry Go Round," YouTube 映像。January 8, 2020 に Mastercard がアップロードした。https://www.youtube.com/watch?v=LMrbsUDp9ts.
6. "AMP Releases Best Audio Brands 2020 Ranking," AMP が April 14, 2020 に出したプレスリリース。https://ampsoundbranding.com/best-audio-brands-2020-press-release/. ［リンク切れ］
7. ブログ投稿。The Marketing Society.https://www.marketingsociety.com/the-library/dining-atop-billboard-mastercard.
8. Lindsay Stein, "Mastercard Impresses with New NYC Culinary Experiences," Campaign US, July 30, 2019.https://www.campaignlive.com/article/mastercard-impresses-new-nyc-culinary-experiences/1592396.
9. Barry Levine, "Mastercard Adds Taste to Brand's Positioning with Custom Macarons," Marketing Dive, September 24, 2019.https://www.marketingdive.com/news/mastercard-adds-taste-to-brands-positioning-with-custom-macarons/563552/.
10. Andrea Cheng, "How a Hotel Gets Its Signature Scent," *Conde Nast Traveler*, August 2, 2019.https://www.cntraveler.com/story/how-a-hotel-gets-its-signature-scent.
11. "The Smell of Commerce: How Companies Use Scents to Sell Their Products," Independent.co.uk. https://www.independent.co.uk/news/media/advertising/the-smell-of-commerce-how-companies-use-scents-to-sell-their -products-2338142.html.

第10章

1. William Park, "Why We Need to Talk about Cheating," BBC Future, June 26, 2019.https://www.bbc.

10. "Privacy by Design GDPR," Privacy Trust, 2018. https://www.privacytrust.com/gdpr/privacy-by-design-gdpr.html.

第5章

1. Mario Klingemann のホームページ。http://quasimondo.com.
2. "An Interview with Scott Eaton," Direct Digital. https://www.direct-digital.com/en/case-study/interview-scott-eaton.
3. Refik Anadol のホームページ。http://refikanadol.com.
4. Karen Gilchrist, "Chatbots Expected to Cut Business Costs by $8 Billion by 2022," CNBC, May 9, 2017. https://www.cnbc.com/2017/05/09/chatbots-expected-to-cut-business-costs-by-8-billion-by-2022.html.
5. "JWT's 'The Next Rembrandt' Wins Two Grand Prix and an Innovation Lion at Cannes," IBB online, 2016. https://www.lbbonline.com/news/jwts-the-next-rembrandt-wins-two-grand-prix-and-an-innovation-lion-at-cannes.
6. Amy X. Wang, "Warner Music Group Signs an Algorithm to a Record Deal," *Rolling Stone*, March 23, 2019. https://www.rollingstone.com/pro/news/warner-music-group-endel-algorithm-record-deal 811327/.

第6章

1. "Google Maps AR," YouTube 映像。May 9, 2018 に Mandar Limaye がアップロードした。https://www.youtube.com/watch?v=4F0gFpzsYLM.
2. Ayda Ayoubi, "IKEA Launches Augmented Reality Application," *Architect*, September 21, 2017. https://www.architectmagazine.com/technology/ikea-launches-augmented-reality-application_o.
3. Cheryl Rosen, "Marriott Debuts Augmented Reality Views of Properties on iPhone," Travel Market Report, June 20, 2018.https://www.travelmarketreport.com/articles/Marriott-Debuts-Augmented-Reality-Views-of-Properties-on-iPhone.
4. Sarah Perez, "Over a Quarter of U.S. Adults Now Own a Smart Speaker, Typically an Amazon Echo," TechCrunch, March 9, 2019.https://techcrunch.com/2019/03/08/over-a-quarter-of-u-s-adults-now-own-a-smart-speaker-typically-an-amazon-echo/.
5. Greg Sterling, "Report: Amazon Internal Data Suggest 'Voice Commerce' Virtually Nonexistent," Marketing Land, August 8, 2018.https://marketingland.com/report-amazon-internal-data-suggest-voice-commerce-virtually-nonexistent-245664.
6. Mary Jo Foley, "Microsoft's Latest Holoportation Demo Shows Off Its Mixed Reality, AI, Translation Technologies," ZDNet, July 17, 2019.https://www.zdnet.com/article/microsofts-latest-holoportation-demo-shows-off-its-mixed-reality-ai-translation-technologies/.
7. "It's All on Your Fridge," Samsung の Web ページ。https://www.samsung.com/us/explore/family-hub-refrigerator/overview/.

第7章

1. Lara O'Reilly, "Bombshell Report Claims U.S. Ad Agencies Unethically Pad Their Profits with Secret Rebate Schemes," Business Insider, June 7, 2016.https://www.businessinsider.com/ana-report-alleges-widespread-ad-agency-kickback-schemes-2016-6.
2. Laurie Sullivan, "Data Estimates 40% of All Media Spend Is Wasted — How One Company Is Plugging the Holes."https://www.mediapost.com/publications/article/340946/data-estimates-40-of-all-media-

June 7, 2016. https://www.wsj.com/articles/ad-business-full-of-nontransparent-practices-study-finds-1465303654.

17. Suzanne Vranica and Nicole Hong, "Federal Prosecutors Probe Ad Industry's Media-Buying Practices," *Wall Street Journal*, September 27, 2018. https://www.wsj.com/articles/federal-prosecutors-probe-ad-industrys-media-buying-practices-1538078020.
18. Devin Coldeway, "The California Consumer Privacy Act Officially Takes Effect Today," TechCrunch, January 1, 2020. https://techcrunch.com/2020/01/01/the-california-consumer-privacy-act-officially-takes-effect-today/.

第2章

1. Darrell Etherington, "Amazon's Prime Air Drone Delivery Fleet Gains FAA Approval for Trial Commercial Flights," *TechCrunch*, September 1, 2020. https://techcrunch.com/2020/08/31/amazons-prime-air-drone-delivery-fleet-gains-faa-approval-for-trial-commercial-flights/.

第3章

1. Richard Whitman, "McCann Research Drives New ANA Talent Recruitment Effort," MediaPost, November 14, 2019. https://www.mediapost.com/publications/article/343374/mccann-research-drives-new-ana-talent-recruitment.html.

第4章

1. "New Research Reveals Most Consumers Unaware of Financial Data Collection Practices," The Clearing House, November 19, 2019. https://www.theclearinghouse.org/payment-systems/articles/2019/11/new-research-financial-data-collection-practices-11-19-19.
2. Ray Walsh, "Organizations Sign Privacy International Petition Criticizing Exploitative Pre-Installed Apps on Android," ProPrivacy, January 9, 2020. https://proprivacy.com/privacy-news/organizations-sign-privacy-international-petition.
3. Eric Rosenbaum, "5 Biggest Risks of Sharing Your DNA with Consumer Genetic-Testing Companies," CNBC, June 16, 2018. https://www.cnbc.com/2018/06/16/5-biggest-risks-of-sharing-dna-with-consumer-genetic-testing-companies.html.
4. Whitney Ksiazek, Leslie Picker, and Nick Wells, "How Hedge Fund Investors are Makings Money Off the Data You're Giving Them for Free," CNBC, April 23, 2019. https://www.cnbc.com/2019/04/23/how-hedge-funds-use-alternative-data-to-make-investments.html.
5. Chelsea Bailey and Elizabeth Chuck, "Apple CEO Time Cook Slams Facebook: Privacy 'is a human right, it's a civil liberty'," NBC News, March 29, 2018. https://www.nbcnews.com/tech/tech-news/apple-ceo-tim-cook-slams-facebook-privacy-human-right-it-n860816.
6. "MyID Platform Enables a Trusted Digital ID Ecosystem," MYID Alliance のWebページ。https://myidalliance.org/en/.
7. Brave のホームページ。https://brave.com.
8. Jesse Hollington, "Hacker Who Tried to Blackmail Apple by Threatening to Delete 319 Million iCloud Accounts Gets Two-Year Sentence," iDrop News, December 26, 2019. https://www.idropnews.com/news/hacker-who-tried-to-blackmail-apple-by-threatening-to-delete-319-million-icloud-accounts-gets-two-year-sentence/125904/.［リンク切れ］
9. Simon Fogg, "GDPR for Dummies: Simple GDPR Guide for Beginners," Termly, September 20, 2019. https://termly.io/resources/articles/gdpr-for-dummies/.

序文

1. "12 Ways CEOs Can Support Their Marketing Teams," *Forbes*, June 12, 2017. https://www.forbes.com/sites/forbescommunicationscouncil/2017/06/12/12-ways-ceos-can-support-their-marketing-teams/?sh=34b20acd7859

第1章

1. Stephanie Pappas, "Pompeii 'Wall Posts' Reveal Ancient Social Networks," Live Science, January 11, 2013.
https://www.livescience.com/26164-pompeii-wall-graffiti-social-networks.html.
2. https://www.coursehero.com/file/p305hjd/Bronze-plate-for-printing-an-advertisement-for-the-Liu-family-needle-shop-at/.
3. "The Ancient Origins and History of Modern Marketing and Advertising," LaFleur, July 26, 2016. https://lafleur.marketing/blog/ancient-origins-history-modern-marketing-advertising/.
4. Amelia Lucas, "Burger King Sells Whoppers for a Penny at McDonald's Locations to Promote Its App," CNBC, December 4, 2018. https://www.cnbc.com/2018/12/04/burger-king-sells-whoppers-for-a-penny-at-mcdonalds-locations.html.
5. "Vintage Dodge Ad, 1951," Pinterest, Robert Steadがアップロードした。https://www.pinterest.com/pin/285767538825843116/.
6. Becky Little, "When Cigarette Companies Used Doctors to Push Smoking," History.com, September 13, 2018 (updated September 11, 2019). https://www.history.com/news/cigarette-ads-doctors-smoking-endorsement.
7. Ross Benes, "'The Beginning of a Giant Industry': An Oral History of the First Banner Ad," Digiday, November 8, 2017. https://digiday.com/media/history-of-the-banner-ad/.
8. Susan Young, "Getting the Message: How the Internet Is Changing Advertising," Harvard Business School Working Knowledge, May 16, 2000. https://hbswk.hbs.edu/archive/getting-the-message-how-the-internet-is-changing-advertising.
9. Susan Young, "Getting the Message: How the Internet Is Changing Advertising," Harvard Business School Working Knowledge, May 16, 2000. https://hbswk.hbs.edu/archive/getting-the-message-how-the-internet-is-changing-advertising.
10. Jeff Desjardins, "What Happens in an Internet Minute in 2019?" Visual Capitalist, March 13, 2019. https://www.visualcapitalist.com/what-happens-in-an-internet-minute-in-2019/.
11. Quentin Fottrell, "People Spend Most of Their Waking Hours Staring at Screens," Market Watch, August 4, 2018. https://www.marketwatch.com/story/people-are-spending-most-of-their-waking-hours-staring-at-screens-2018-08-01.
12. "Ellen's Oscar 'Selfie' Crashes Twitter, Breaks Record," CNBC, March 3, 2014. https://www.cnbc.com/2014/03/03/ellens-oscar-selfie-crashes-twitter-breaks-record.html.
13. Kaya Yurieff, "Snapchat Stock Loses $1.3 Billion after Kylie Jenner Tweet," CNN Business, February 23, 2018. https://money.cnn.com/2018/02/22/technology/snapchat-update-kylie-jenner/index.html.
14. "Programmatic Adspend to Exceed US$100bn for the First Time in 2019," Zenith, the ROI Agency, November 25, 2019. https://www.zenithmedia.com/programmatic-adspend-to-exceed-us100bn-for-the-first-time-in-2019/.
15. Laurie Sullivan, "Data Estimates 40% of All Media Spent Is Wasted—How One Company Is Plugging the Holes," MediaPost, September 23, 2019. https://www.mediapost.com/publications/article/340946/data-estimates-40-of-all-media-spend-is-wasted-.html.
16. Suzanne Vranica, "Ad Business Full of Nontransparent Practices, Study Finds," *Wall Street Journal*,

索 引

[著訳者紹介]

ラジャ・ラジャマナー（Raja Rajamannar）

マスターカードグローバルCMOおよびCCO、ヘルスケア部門プレジデント。インド経営大学院で経営学修士号を、オスマニア大学で化学工学の技術学士号を取得。

アジアン・ペインツ、ユニリーバで営業および製品管理を担当した後、シティグループでシティ・グローバル・カードのエグゼクティブ・バイスプレジデント兼CMO、ダイナースクラブ北米会長兼CEO、シティ中東湾岸マーケットのマーケティング＆セールス・ディレクター等を経て現職。『フォーブス』誌の「世界で最も影響力のあるCMO」の1人に2021年に選出された。世界広告主連盟会長、PPLコーポレーションの取締役会メンバー。

三宅康雄（みやけ・やすお）

翻訳家。早稲田大学商学部卒。広告会社に長年勤務の後、英語翻訳者に。訳書にグレイス・ローダン『ショートカット思考』（サンマーク出版）、サラ・ハーベイ『1％の生活習慣を変えるだけで人生が輝き出すカイゼン・メソッド――イギリス女性が日本で見つけた自分を磨く素敵な生き方』（徳間書店）、共訳書にバラク・オバマ『約束の地――大統領回顧録Ⅰ』（集英社）、ディック・レイア『アメリカが見た山本五十六――「撃墜計画」の秘められた真実』（原書房）など。

クオンタムマーケティング

「プライスレス」で世界的ブランドを育てた CMOが教える最新マーケティング論

2022年12月19日 第1版　第1刷発行

著者	ラジャ・ラジャマナー
訳者	三宅康雄
翻訳協力	株式会社リベル
発行者	村上広樹
発行	株式会社日経BP
発売	株式会社日経BPマーケティング 〒105-8308　東京都港区虎ノ門4-3-12 https://bookplus.nikkei.com
デザイン	山之口正和＋沢田幸平(OKIKATA)
制作	キャップス
編集	幸田華子
印刷・製本	図書印刷株式会社

本書籍に関するお問い合わせ、ご連絡は下記にて承ります。
https://nkbp.jp/booksQA

ISBN978-4-296-00129-3　Printed in Japan